Altes Ägypten

Ravensburger Buchverlag

Inhaltsverzeichnis

Jetzt kommt schon, ihr werdet Augen machen!

Wo liegt Ägypten?

Ägypten liegt in Afrika. Es ist ein heißes, trockenes Land, das überwiegend aus Wüste besteht. Von Süden nach Norden zieht sich der Nil wie eine blaue Ader durchs Land. Er ist mit 6671 Kilometern der längste Fluss der Welt und dort, wo er ins Mittelmeer fließt, ist ein breiter Fächer aus Wasserläufen, das Nildelta, entstanden. Diese Region bildet Unterägypten, das Niltal von Assuan bis Memphis ist Oberägypten. Nur im Nildelta und entlang des Flusses gab es Siedlungen, weil nur dort Landwirtschaft betrieben werden konnte. Denn einmal im Jahr trat der Fluss über die Ufer und überschwemmte die Felder. Wenn er sich wieder in sein Flussbett zurückzog, hinterließ er fruchtbaren Schlamm, der wie Dünger wirkte. Nach diesem schwarzen Schlamm nannten die Alten Ägypter ihr Land auch „Kemet“, das Schwarze.

Wann lebten die Alten Ägypter?

START

Die Geschichte des Alten Ägypten begann vor etwa 5000 Jahren, als die beiden Königreiche Ober- und Unterägypten zu einem Reich vereint wurden. Ab diesem Zeitpunkt wurde das Land von Herrschern regiert, die Pharaonen hießen. Die lange Geschichte dieser pharaonischen Zeit lässt sich in mehrere große Zeitspannen einteilen, in denen Ägypten reich und mächtig war, Kunst und Kultur blühten und die Pharaonen prächtige Bauwerke errichten ließen. Aber es gab auch Zwischenzeiten, in denen mehrere Könige um die Herrschaft stritten oder gar fremde Herrscher regierten. Am Ende eroberten die Römer das Land und Ägypten wurde römische Provinz.

Frühzeit
etwa 3100–2686 v. Chr.

Ein Land – ein König! Um 3100 v. Chr. vereint König Narmer Ober- und Unterägypten zum ersten Mal zu einem Reich. Die Verwaltung des Landes mit Beamten muss organisiert werden, man entwickelt die Hieroglyphenschrift weiter und Memphis wird Hauptstadt des Reichs.

Altes Reich
2686–2181 v. Chr.

Gute Zeiten für Ägypten! Reichtum und politische Stabilität, die Pharaonen machen sich durch Pyramiden unsterblich. Die erste Pyramide war die **Stufenpyramide von Sakkara**, die größte Pyramide ist die 147 Meter hohe Cheopspyramide in Gizeh.

Erste Zwischenzeit
2181–2055 v. Chr.

Mittleres Reich
2055–1773 v. Chr.

Pharao **Mentuhotep II.** vereint das in der Ersten Zwischenzeit zersplitterte Reich wieder. Er und seine Nachfolger erobern neues Land und machen dabei reiche Beute. Blütezeit der Literatur und der Sprache. Um die Versorgung der Bevölkerung zu sichern, wird Sumpfland trockengelegt und in Ackerfläche umgewandelt.

Zweite Zwischenzeit
1773–1550 v. Chr.

Neues Reich
1550–1069 v. Chr.

Ägypten ist auf dem Höhepunkt seiner Macht! Es regieren berühmt gewordene Pharaonen wie Echnaton, Tutanchamun und Ramses der Große. Die Pharaonen lassen sich jetzt im Tal der Könige bestatten und errichten großartige Tempel, wie den von **Abu Simbel**.

Dritte Zwischenzeit
1069–664 v. Chr.

Spätzeit
664–332 v. Chr

Wirtschaftlicher und kultureller Aufschwung unter den letzten ägyptischen Pharaonen. Nach der Eroberung Ägyptens durch die Perser regieren bis auf eine kurze Zwischenzeit persische Könige das Land.

Ptolemäische Zeit
332–30 v. Chr.

332 v. Chr. erobert Alexander der Große das Land, gründet die neue Hauptstadt **Alexandria**. Einer seiner Generäle – Ptolemäus – und seine Nachfolger regieren 300 Jahre lang als Könige von Ägypten. Letzte Pharaonin ist Kleopatra VII. Als sie 30 v. Chr. stirbt, wird Ägypten römische Provinz.

Was ist ein Pharao?

Die Könige im Alten Ägypten wurden Pharaonen genannt. Der Begriff „Pharao" kommt vom ägyptischen Wort „Per-ao", was „Großes Haus" bedeutet. Damit war der königliche Palast gemeint. Aus Ehrfurcht vor ihrem König sprachen die Menschen ihn also nicht direkt an, sondern benannten ihn nach seinem Wohnort. Die Pharaonen besaßen die höchste Macht im Land. Für ihre Untertanen waren sie lebende Götter, die übernatürliche Kräfte besaßen. Als Könige der menschlichen Welt verbanden sie diese mit der Welt der Götter.

Der Pharao war auch oberster Priester und musste den Göttern dienen, damit sie Ägypten beschützten. Er regelte Wirtschaft und Handel, erließ Gesetze und als Oberbefehlshaber des Heers entschied er über Krieg und Frieden. Außerdem ließ er als Bauherr riesige Bauwerke wie die Pyramiden oder Tempelanlagen bauen. Nach dem Tod eines Pharaos wurde sein ältester Sohn zum neuen Pharao ernannt. Wenn der Sohn noch zu jung war, übernahmen manchmal die Frauen des Pharaos oder hohe Beamte die Regierung.

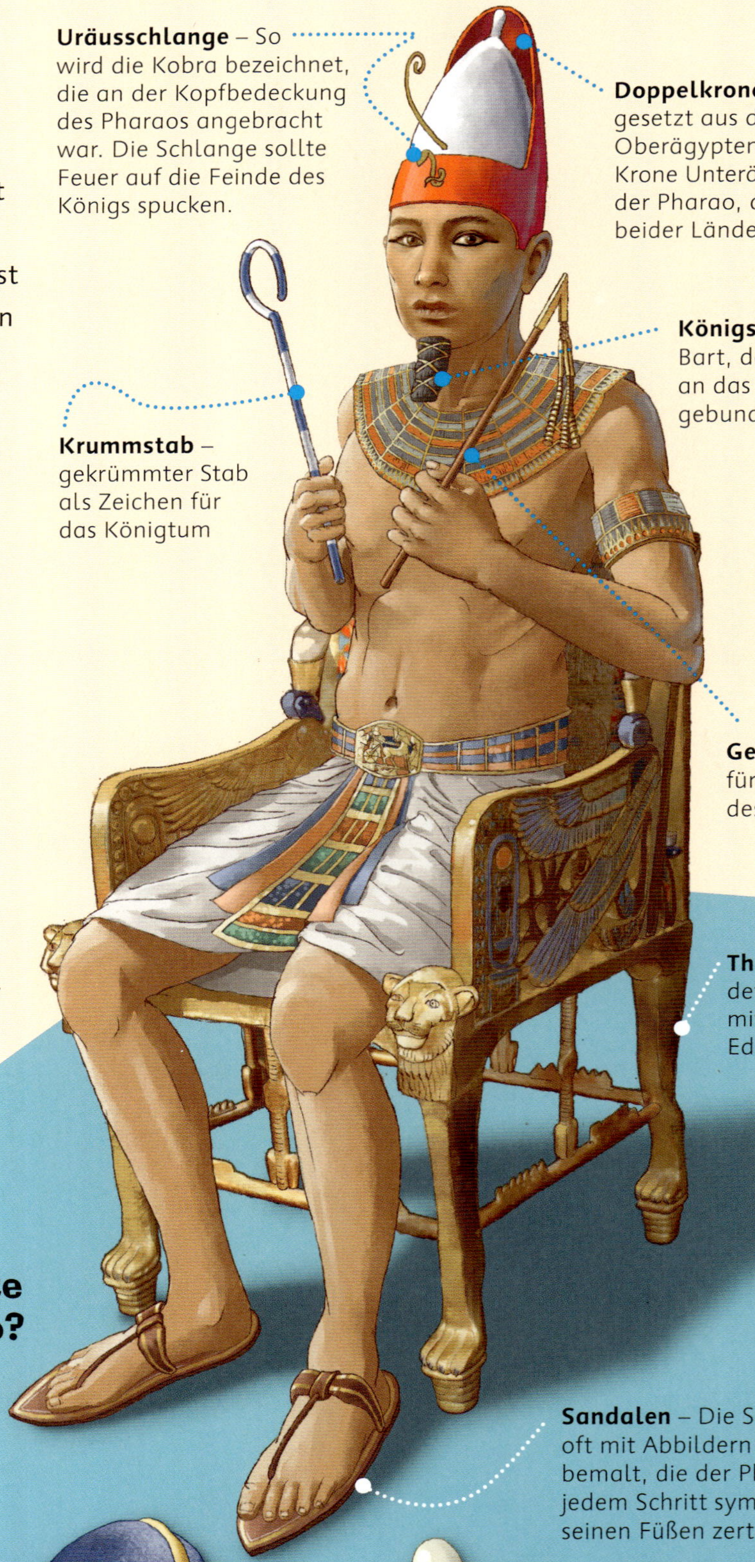

Woran erkannte man einen Pharao?

Die Pharaonen besaßen mehrere Kronen und Kopfbedeckungen, die sie je nach Anlass aufsetzten. Außerdem hatten sie Symbole ihrer Macht, wie Krummstab und Geißel. Diese Herrscherstäbe und alle anderen Zeichen durfte natürlich nur der Pharao tragen.

Nemes-Kopftuch: Blau-gold gestreifte Kopfbedeckung des Königs. Geier und Kobra symbolisieren die Schutzgöttinnen Ober- und Unterägyptens.

Blaue Krone: Vermutlich als Kriegshelm genutzt

Atefkrone: Zusammengesetzt aus der weißen Krone Oberägyptens und zwei Straußenfedern. Die Atefkrone wurde bei religiösen Anlässen getragen.

Wer waren die bekanntesten Pharaonen?

Djoser
2667–2648 v. Chr.

Mit Djoser begann das Zeitalter der Pyramiden, er erbaute die Stufenpyramide in Sakkara. Das war die erste Pyramide überhaupt und sie steht heute noch!

Echnaton
1352–1336 v. Chr.

Dieser Pharao regierte zunächst unter dem Namen Amenophis IV. Er schaffte alle ägyptischen Götter ab und betete nur noch Aton, die Sonnenscheibe, an. Das war revolutionär! Seinen Namen änderte er daraufhin in Echnaton – das heißt übersetzt „der Aton dient".

Cheops
2589–2566 v. Chr.

Er war der Erbauer der größten Pyramide der Welt, der Cheopspyramide in Gizeh. Griechische Geschichtsschreiber schildern ihn als grausamen Herrscher, der das ganze Land gezwungen haben soll, beim Bau der Pyramide zu helfen.

Tutanchamun
1336–1327 v. Chr.

Obwohl er nur kurz regierte, weil er schon als junger Mann verstarb, ist Tutanchamun wohl der bekannteste Pharao. Das liegt daran, dass man erst vor etwa 100 Jahren sein nahezu unberührtes Grab entdeckt hat. Darin befanden sich unermessliche Schätze und seine Mumie.

Ramses II.
1279–1213 v. Chr.

Er wurde nicht ohne Grund „der Große" genannt: Ramses II. regierte über 67 Jahre lang, er hatte 40 Töchter und 45 Söhne und hinterließ von allen Pharaonen die meisten Bauwerke.

Kleopatra VII.
51–30 v. Chr.

Durch ihre Liebesbeziehung zum römischen Kaiser Julius Cäsar gelang es Kleopatra, die letzte ägyptische Pharaonin zu werden. Nachdem ihre Heere von den Römern besiegt wurden, setzte sie ihrem Leben ein Ende. Ob sie aber wirklich durch den Biss einer Giftschlange starb, ist bis heute ungewiss.

Hättest du's gewusst?

Die Pharaonen trugen künstliche Königsbärte, um den Göttern möglichst ähnlich zu sehen. Denn die Ägypter stellten sich auch ihre Götter mit Bärten vor. Einziger Unterschied: Der Bart der Götter war unten etwas nach oben gebogen, der Pharaonenbart war gerade. Logisch, dass daher auch weibliche Pharaonen diese künstlichen Bärte trugen, wie zum Beispiel die Pharaonin Hatschepsut.

Wie sieht eine Pyramide von innen aus?

Im Inneren einer Pyramide befinden sich zahlreiche Gänge, Schächte und Kammern. Besonders ausgetüftelt ist das hier dargestellte System der Cheopspyramide. Forscher vermuten noch weitere, bislang unentdeckte Kammern und Schächte – darauf deuten zumindest Forschungen mit moderner Technologie und mithilfe eines Roboters hin. Wer weiß, vielleicht liegt die Mumie des Pharaos noch irgendwo in der Pyramide versteckt? Das wäre eine Sensation, denn bis heute wurde noch nie eine Mumie in einem der steinernen Sarkophage im Inneren einer Pyramide gefunden.

Spezial-Wissen

Die Ägypter beobachteten den Lauf der Sterne und verbanden diese Beobachtungen mit ihrem Glauben. Sie setzten einzelne Sterne mit Göttern gleich und brachten Sternbilder wie den Orion mit Osiris, dem Gott der Unterwelt, in Verbindung. Einzelne Forscher sind sogar überzeugt, dass sich die Anordnung der drei Pyramiden von Gizeh an den drei Sternen orientiert, die den Gürtel des Sternbilds Orion bilden.

① Sargkammer

In der **Sargkammer** steht der Sarkophag des Pharaos. Die Kammer ist rundum mit Granitblöcken ausgekleidet. Über der Sargkammer haben die Erbauer der Pyramide Hohlräume mit einem dachförmigen Abschluss eingebaut. So verteilt sich das Gewicht, das auf der Decke durch die Granitblöcke und die vielen Tonnen Stein lastet.

Was ist überhaupt eine Pyramide?

Pyramiden dienten vom Alten bis ins Mittlere Reich als Grabstätten der Pharaonen. Noch zu Lebzeiten begannen die ägyptischen Könige mit dem Bau dieser speziellen Gräber, damit sie nach ihrem Tod ein würdiges Zuhause für die Ewigkeit hatten. Die monumentalen Bauwerke sollten vor Grabräubern und Zerstörung schützen. Je mehr Steine über der Grabkammer oder um sie herum waren, desto sicherer schien der tote Pharao.
Aber die Pyramiden waren auch Ausdruck der Macht und des Reichtums, die Ägypten und die Pharaonen mittlerweile erlangt hatten. Warum sich die Ägypter genau für diese Form entschieden haben, ist allerdings nicht ganz klar. Sicher ist diese Form besonders stabil, wenn man in die Höhe bauen will. Vielleicht waren die Pyramiden auch als Rampen oder Stufen gedacht, über die der tote Pharao in den Himmel gelangen konnte, um den Sonnengott auf seiner Fahrt zu begleiten. Eine weitere Verbindung zum Sonnenkult der Ägypter ist möglicherweise auch, dass die Form einer Pyramide an Sonnenstrahlen erinnert, die hinter den Wolken hervorkommen.

Der Sphinx von Gizeh

Der Sphinx - Bewacher der Pyramiden

Vor den Pyramiden von Gizeh liegt eine riesige, 73 Meter lange und 20 Meter hohe Statue: der Sphinx. Dieser aus einem Felsblock geschlagene Koloss hat den Körper eines Löwen und den Kopf eines Pharaos, dessen Königskopftuch gut zu erkennen ist. In diesem Mischwesen soll sich die Kraft des Raubtiers mit der Intelligenz des Herrschers zu einem göttlichen Wesen vereinigen. Wie der Sphinx seine Nase verloren hat, ist unbekannt. Der Rest des Körpers ist deshalb so gut erhalten, weil er die meiste Zeit von Sand bedeckt war.

Wie bauten die Ägypter die Pyramiden?

Unfassbar! Noch heute stehen die Menschen staunend vor den Pyramiden und fragen sich, wie die Ägypter mitten in der Wüste so gewaltige Bauwerke errichten konnten. Leider gibt es kaum Informationen darüber, dafür aber umso mehr Legenden und Geschichten. Sicher ist, dass der Bau einer Pyramide keine Angelegenheit von ein paar Wochen oder gar Monaten war. An der Cheopspyramide zum Beispiel wurde über 20 Jahre gebaut! Zunächst galt es, einen passenden Platz für die Pyramide zu finden, denn der Boden musste die tonnenschwere Steinlast tragen können. Um den Bauplatz auszumessen und die Seitenlinien festzulegen, nutzten die Ägypter die Sterne. Dabei richteten sie die vier Ecken der Pyramide ziemlich exakt nach den vier Himmelsrichtungen aus. Dann wurden Straßen zur Baustelle hin angelegt und der Untergrund geglättet. Außerdem bauten sie für den Transport des Baumaterials einen Kanal zum Nil, mitsamt Hafen und Anlegestelle. Das Baumaterial wurde in Steinbrüchen in der näheren Umgebung abgebaut. Mit ganz einfachen Werkzeugen lösten Arbeiter große Kalksteinblöcke aus dem Fels und transportierten sie auf Holzschlitten zur Baustelle. Dort wurden sie so lange bearbeitet, bis sie die richtige Größe hatten. Einer dieser recht-

Muckis statt Maschinen

Statt Maschinen stand den Ägyptern beim Bau der Pyramiden bis auf einfache Hilfsmittel nur Muskelkraft zur Verfügung. Unzählige Arbeiter schufteten in den Steinbrüchen und auf der Baustelle. Sie zogen die riesigen Steine über breite, schräg nach oben führende Rampen aus Lehmziegeln auf die immer höher werdende Pyramide. Die Steinblöcke lagen dabei auf Holzschlitten, die über ein Gemisch aus Schlamm, Gestein und Schutt oder über Holzrollen gezogen wurden. Wie genau so eine Rampe angelegt war, konnten die Forscher bis heute nicht herausbekommen. Die meisten glauben aber, dass sie sich wie eine Spirale um die Pyramide herumzog.

eckigen Würfel wog zwischen 2500 und 5000 Kilogramm! Über die grob behauenen Steine kam ein Mantel aus Kalksteinplatten. Als krönender Abschluss wurde auf die Spitze der Cheopspyramide noch ein 10 Meter hoher Schlussstein gesetzt. Damit war sie 147 Meter hoch und so die höchste aller Pyramiden!

Die Werkzeuge der Pyramidenbauer

Mit **Meißeln** aus Kupfer und einem dicken **Schlegel** aus Holz wurden die Kalksteinblöcke behauen. Um sicherzustellen, dass diese die richtige Form hatten, verfügten die Steinmetze über verschiedene Instrumente. Eines davon war die **Setzwaage**: Verdeckte die herabhängende Schnur die genau in der Mitte angebrachte Markierung, war die Oberfläche des Steins gleichmäßig flach. Mit dem **Senkblei** wurde geprüft, ob die Seiten gerade waren und ein **Anschlagwinkel** aus Holz sorgte für korrekte rechte Winkel.

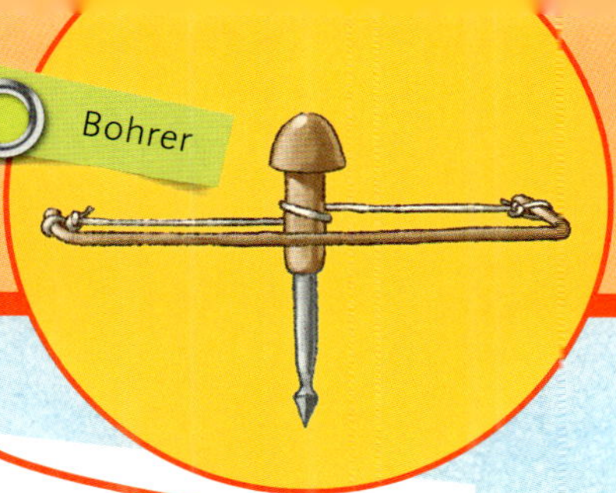

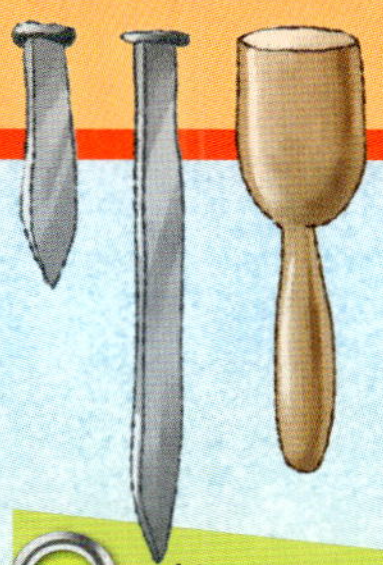

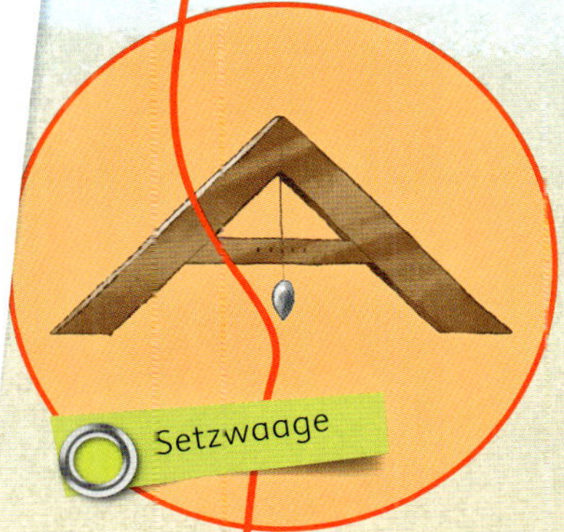

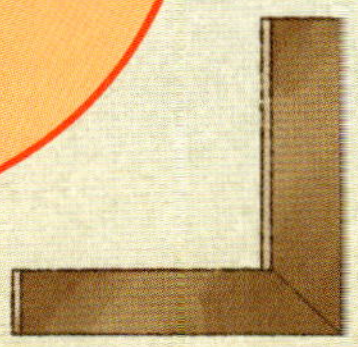

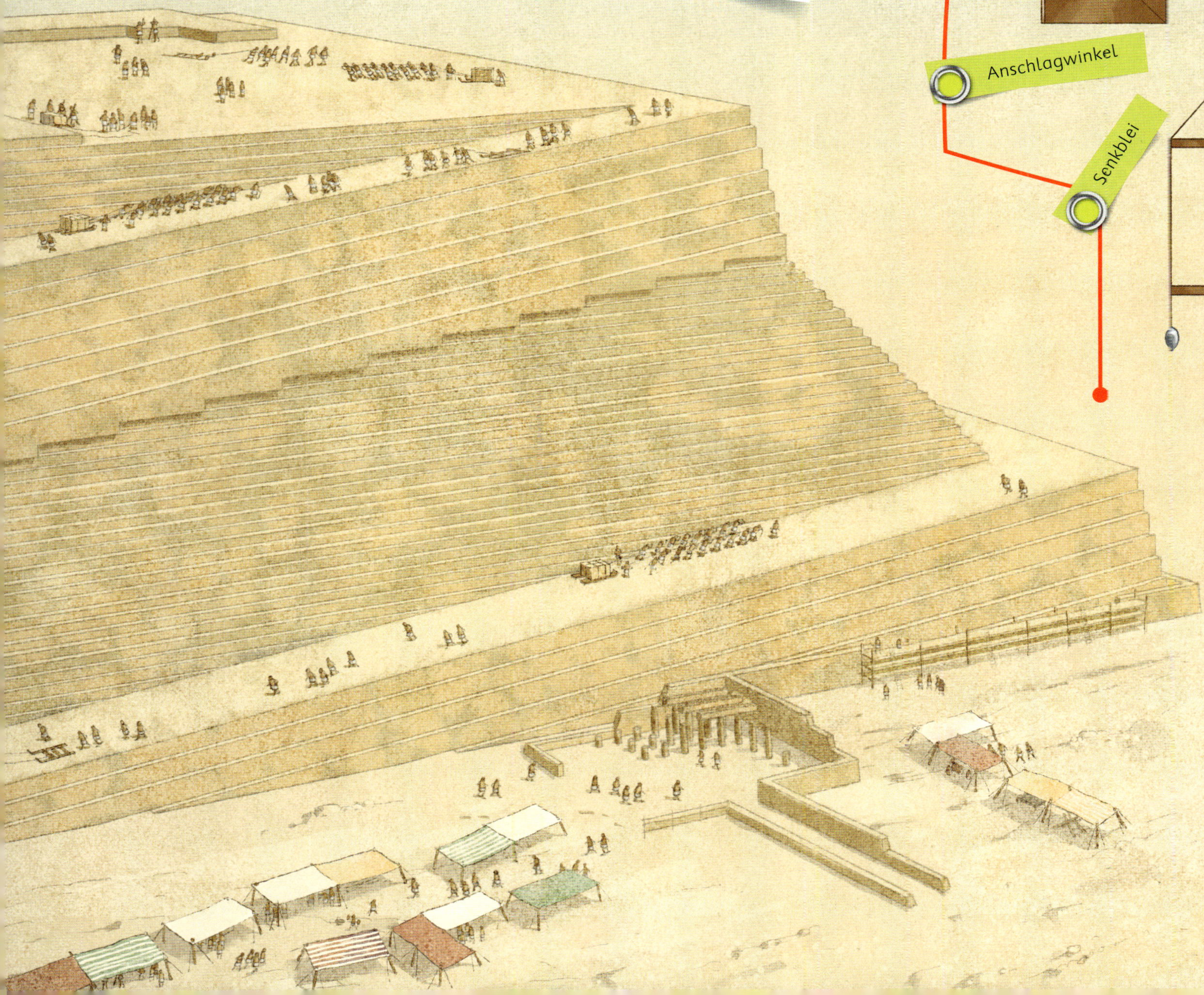

Welche Pyramiden gibt es?

Eine Bank als Grabmal

Die ersten Pharaonen hatten sich in unterirdischen Gräbern bestatten lassen, den sogenannten Mastabas. Ein solches Grabmal bestand aus einer Sargkammer tief unten im Boden und einem rechteckigen Aufbau mit Kulträumen. Der aus Lehmziegeln errichtete Aufbau erinnerte die Ägypter an eine Bank und so gaben sie diesem Grabmal auch den arabischen Namen für „Bank": Mastaba.

Stufe für Stufe Richtung Himmel

Ein Architekt namens Imhotep wollte für Pharao Djoser in Sakkara die größte und prächtigste Mastaba bauen. Sie sollte erstmals nicht aus Lehmziegeln, sondern aus Stein errichtet werden. Mehrfach vergrößerte er die Grundfläche und setzte eine Stufe nach der anderen darauf, bis das Bauwerk schließlich sechs Stufen hatte und 62 Meter hoch war. So entstand die Stufenpyramide von Sakkara. Sie war die erste Pyramide und gleichzeitig der erste monumentale Steinbau der Welt!

Die Pyramide mit dem Knick

Pharao Snofru hatte sich in den Kopf gesetzt, eine richtige Pyramide ohne Stufen zu bauen. Doch während des Baus tauchten plötzlich Risse im Mauerwerk auf! Es stellte sich heraus, dass der Untergrund zu weich war und die Last der vielen Steine nicht richtig tragen konnte. Damit die Pyramide nicht einstürzte, änderten die Pyramidenbauer ihre Pläne und bauten nicht mehr so steil weiter. So kam die Pyramide zu ihrem Knick.

Geschafft: Die erste richtige Pyramide!

Die Rote Pyramide des Snofru in Dahschur hat ihren Namen von den roten Kalksandsteinblöcken. Mit ihr hatten es die Baumeister des Snofru endlich geschafft, eine „echte" Pyramide zu bauen.

Wer ist die Größte im ganzen Land?
Die Cheopspyramide war fast 4000 Jahre lang das höchste Bauwerk der Welt. Heute hat das Ulmer Münster mit 161,53 Metern den höchsten Kirchturm der Welt, die Freiheitsstatue in New York wirkt daneben mit knapp 93 Metern ziemlich klein. Der Eiffelturm in Paris (324 Meter) und der Berliner Fernsehturm (368 Meter) sind sogar mehr als doppelt so hoch wie die Cheopspyramide.

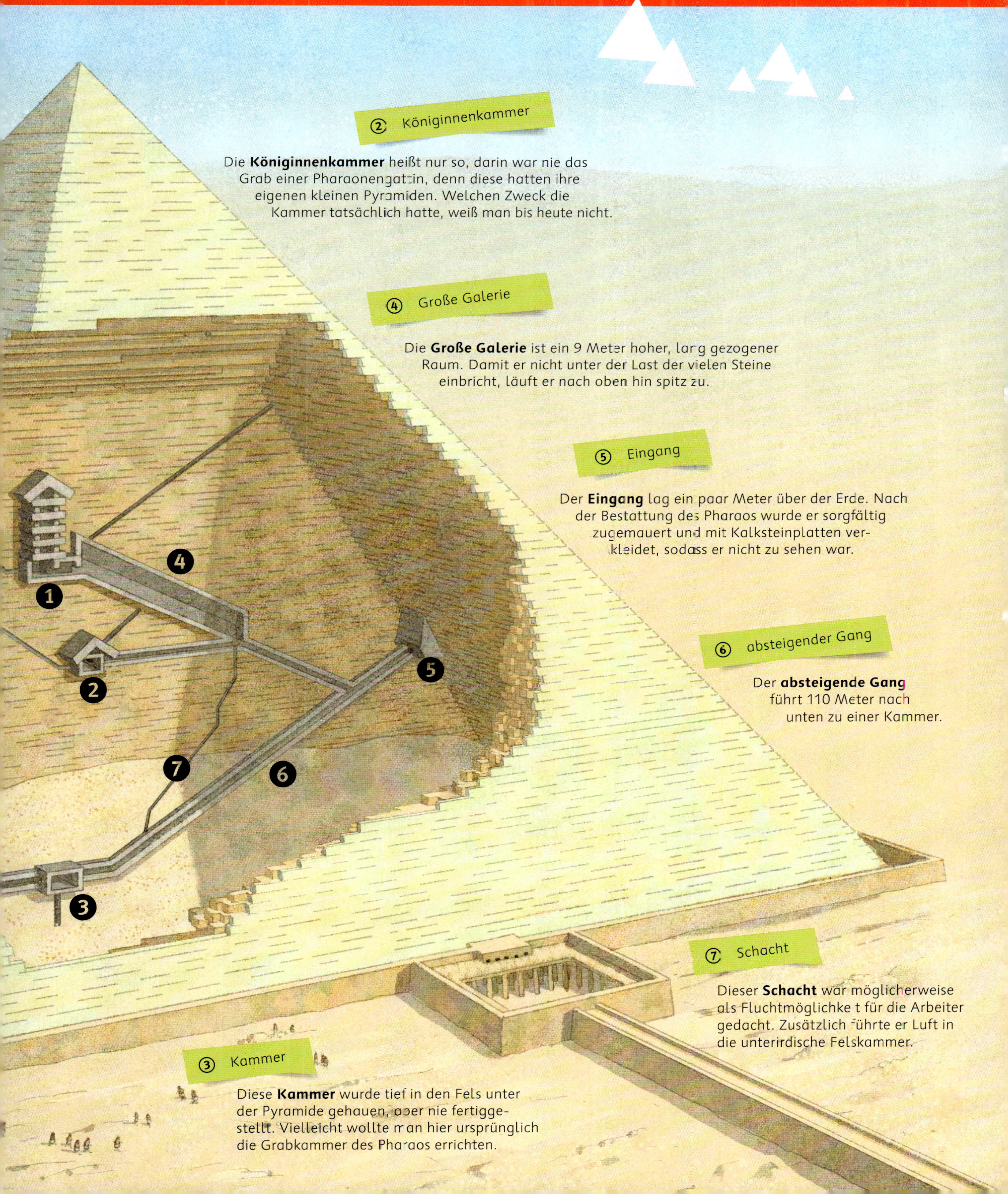

② Königinnenkammer

Die **Königinnenkammer** heißt nur so, darin war nie das Grab einer Pharaonengattin, denn diese hatten ihre eigenen kleinen Pyramiden. Welchen Zweck die Kammer tatsächlich hatte, weiß man bis heute nicht.

④ Große Galerie

Die **Große Galerie** ist ein 9 Meter hoher, lang gezogener Raum. Damit er nicht unter der Last der vielen Steine einbricht, läuft er nach oben hin spitz zu.

⑤ Eingang

Der **Eingang** lag ein paar Meter über der Erde. Nach der Bestattung des Pharaos wurde er sorgfältig zugemauert und mit Kalksteinplatten verkleidet, sodass er nicht zu sehen war.

⑥ absteigender Gang

Der **absteigende Gang** führt 110 Meter nach unten zu einer Kammer.

⑦ Schacht

Dieser **Schacht** war möglicherweise als Fluchtmöglichkeit für die Arbeiter gedacht. Zusätzlich führte er Luft in die unterirdische Felskammer.

③ Kammer

Diese **Kammer** wurde tief in den Fels unter der Pyramide gehauen, aber nie fertiggestellt. Vielleicht wollte man hier ursprünglich die Grabkammer des Pharaos errichten.

Wie bestatteten die Ägypter ihre Toten?

Die Ägypter glaubten fest an ein Leben nach dem Tod. Das Grab war dann ihre Wohnung und deshalb war es mit allem ausgestattet, was sie auch im Diesseits gewohnt waren: Möbel, Kleidung, Schmuck, Essen und bei den Männern auch Waffen. Bei der Bestattung wurde die Mumie auf einem Schlitten zum Grab gezogen, begleitet von Priestern, die Gebete sprachen oder sangen, sowie den Angehörigen. Zum Leichenzug gehörten auch Klagefrauen, die gegen Bezahlung weinten und schrien, sich auf Kopf und Brust schlugen und ihre Kleidung zerrissen. Diener trugen die persönlichen Habseligkeiten und andere Grabbeigaben. So eine prunkvolle Bestattung konnte sich allerdings nur der Pharao oder sehr wohlhabende Personen leisten, denn sie war ziemlich teuer. Arme Menschen wurden dagegen direkt im trockenen, heißen Wüstensand begraben. Auch ihnen legte man Nahrung, Werkzeug und Schmuck ins Grab und sprach Gebete.

Das Mundöffnungsritual

Wichtigste Zeremonie beim Begräbnis eines Pharaos oder einer hochstehenden Persönlichkeit war das Mundöffnungsritual. Damit der Verstorbene im Totenreich auch essen und trinken, sehen, riechen, sprechen und hören konnte, führte sein Sohn vor dem Grab die rituelle Mundöffnung durch. Dabei berührte er Augen, Mund, Ohren und Nase der von einem Priester mit Anubismaske aufrecht gehaltenen Mumie mit verschiedenen Ritualgeräten. Jetzt konnte der Tote alle seine Sinne auch im Jenseits nutzen. Waren alle Rituale abgeschlossen, wurden der Sarg und die Grabbeigaben in die unterirdisch gelegene Sargkammer gebracht und diese mit einer schweren Holz- oder Steinplatte verschlossen.

Wie verlief die Reise ins Jenseits?

Bevor der Verstorbene ins Totenreich aufgenommen wurde, musste er durch die Unterwelt „Duat“ reisen, in der zahlreiche Gefahren lauerten. Zum Glück wurde dem Verstorbenen auch ein sogenanntes Totenbuch mit ins Grab gegeben, in dem magische Sprüche standen, mit denen er sich schützen konnte. Die wichtigste Prüfung war das Totengericht des Osiris. Dieser Herrscher des Totenreichs und seine 42 Richtergötter befragten den Verstorbenen sehr ausführlich zu seinem Leben. Um zu sehen, ob er auch wirklich die Wahrheit gesagt hatte, wurde sein Herz anschließend auf eine Waage gelegt. War das Herz schwerer als eine Feder, hatte er gelogen und sein Herz wurde der „Großen Fresserin“ zum Fraß vorgeworfen. Ein Weiterleben im Jenseits war damit ausgeschlossen. War das Herz aber leichter als die Feder, konnte der Tote ins Reich des Osiris eintreten und dort weiterleben.

Modellschiffe wie diese Totenbarke wurden den Ägyptern mit ins Grab gelegt, damit ihre Seele darauf durch die Unterwelt ins Reich des Osiris segeln konnte.

Das Totengericht

Sind Mumien für die Ewigkeit gemacht?

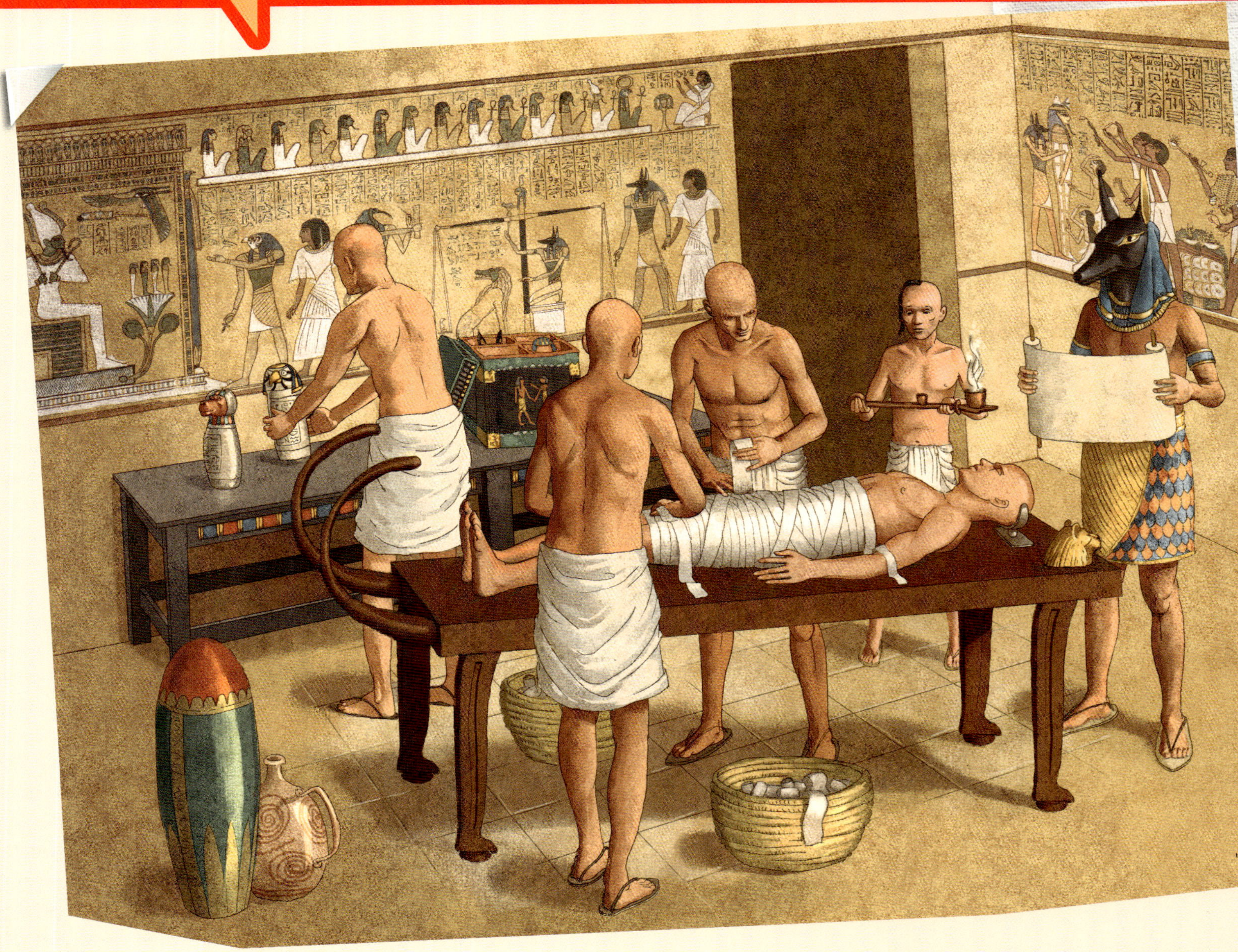

Für das ewige Leben nach dem Tod brauchte der Verstorbene unbedingt seinen Körper! Um ihn so gut wie möglich zu erhalten, wurde der Leichnam in einem komplizierten, genau 70 Tage dauernden Vorgang in eine Mumie verwandelt. Darauf gekommen sind die Ägypter durch die Bestattung ihrer Toten in der Wüste. Weil es dort komplett an Wasser fehlte, trockneten die Körper im heißen Sand so schnell aus, dass sie ziemlich gut erhalten blieben. Diesen Vorgang versuchten die Ägypter dann künstlich nachzumachen. Dafür mussten sie ein bisschen experimentieren, aber im Lauf der Zeit wurde das Verfahren immer weiter verbessert. Allerdings konnten sich nur die Pharaonen und reiche Leute auf diese Weise mumifizieren lassen. Einfache Menschen bestattete man weiterhin im Wüstensand, wo sie auf natürliche Art mumifizierten.

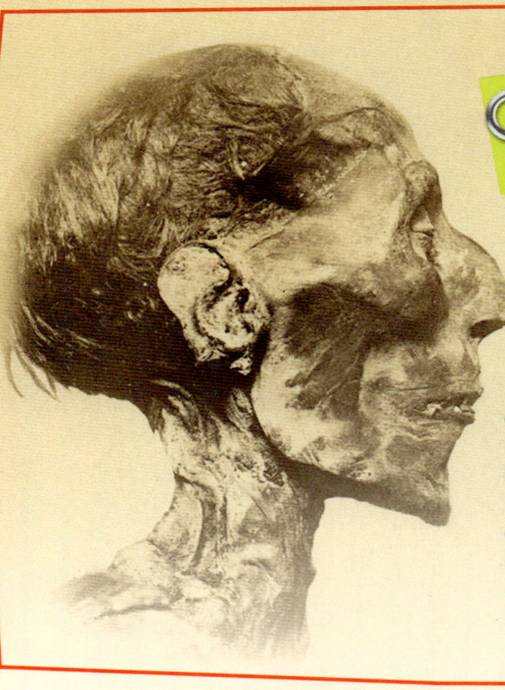

Die Mumie von Ramses II. hat sogar noch Haare.

Damit seine außergewöhnliche Hakennase in Form blieb, haben die Balsamierer sie mit einem kleinen Tierknochen gestützt und mit Pfefferkörnern gefüllt.

Anubis, Gott der Totenriten

Wie wurde ein Körper mumifiziert?

Zunächst wurde der Leichnam eines Verstorbenen möglichst schnell in ein sogenanntes Reinigungszelt in der Nähe des Nils gebracht und dort gründlich gewaschen. Die Mumifizierung fand anschließend in einer Balsamierungshalle statt. Als Erstes entnahmen die Balsamierer dem Toten Herz, Leber, Lunge, Magen und Darm. Die Organe wurden zum Trocknen in Natronsalz eingelegt, mit duftenden Harzen eingerieben und in Leinenstreifen eingewickelt. Das Herz legte man in den Körper zurück, die anderen Organe wurden in spezielle Gefäße, die Kanopen, gepackt. Danach wurde der ausgehöhlte Leichnam etwa 40 Tage mit Natronsalz bedeckt, bis er kein Wasser mehr enthielt. Weil der Körper nun völlig ausgetrocknet und spröde war, legten die Balsamierer ihn in ein Bad aus Harzen und wohlriechenden Ölen. Abschließend stopften sie den Oberkörper mit Sägespänen oder Stoff aus und umwickelten vom kleinen Zeh bis zum Kopf alles mit Leinenbinden. Zwischen die mit Harz getränkten Bandagen wurden oft auch magische Amulette zum Schutz des Verstorbenen gelegt.

Leber, Magen, Darm und Lunge des Verstorbenen wurden jeweils einzeln in einem vasenähnlichen Gefäß, einer Kanope, aufbewahrt und ebenfalls im Grab bestattet. Die Deckel der Kanopen waren Abbilder der vier Söhne des Gottes Horus – Mensch, Hund, Falke und Affe –, die die Organe beschützen sollten.

Hättest du's gewusst?

Die Ägypter glaubten, dass der Mensch mit dem Herz denkt. Es wurde daher ebenfalls mumifiziert und wieder in den Körper zurückgelegt. Das Gehirn hielten sie dagegen für überflüssig, deshalb wurde es nicht mumifiziert und einfach entsorgt.

Probier's aus: Mumifizierung selbst gemacht

Du brauchst:

Einen Apfel, ein Messer, zwei Teller, ein Päckchen Backpulver

So geht's:

1. Schneide von dem Apfel zwei dicke Scheiben ab. Streue das Backpulver auf einen Teller und wende eine der Apfelscheiben darin, sodass sie ganz mit Backpulver bedeckt ist. Die andere Scheibe legst du einfach so auf einen Teller.
2. Lass beide Apfelscheiben eine Woche lang auf den Tellern liegen. Hin und wieder solltest du das Backpulver auf der einen Scheibe neu verteilen.

Was passiert? Nach einer Woche ist die Apfelscheibe ohne Backpulver vergammelt, die mit Backpulver bestreute ist getrocknet! Denn Backpulver enthält Natron, das dem Apfel seine Feuchtigkeit entzieht und ihn haltbar macht. Und mit Natron mumifizierten die Ägypter auch ihre Toten. Achtung: Essen darfst du die Apfelscheiben jetzt natürlich nicht mehr!

An welche Götter glaubten die Ägypter?

Die Ägypter verehrten sehr viele Götter und Göttinnen. Sie stellten sie sich in den unterschiedlichsten Gestalten vor: als Tiere, Menschen oder Fabelwesen, aber auch als Pflanzen oder sogar Gegenstände. Die meisten Götter waren mit einem bestimmten Tier verbunden und wurden mit dessen Kopf oder Körper dargestellt. Das Tier passte dann auch zur Eigenschaft, die dem Gott zugeschrieben wurde, oder zu seiner Aufgabe.

Der Sonnengott Re

Der Sonnengott **Re** war zu allen Zeiten der wichtigste Gott des Alten Ägypten. Die Menschen sahen in ihm den Schöpfer der Welt. Er wurde meist mit Falkenkopf und Sonnenscheibe dargestellt, hatte aber auch viele andere Erscheinungsformen. Seine herausragende Rolle sieht man auch daran, dass einer der fünf Namen des Pharaos „Sohn des Re" lautete.

In der Vorstellung der Ägypter lenkten die Götter die Welt. Sie waren für alles verantwortlich, was auf der Erde und in der Unterwelt geschah. Manche Götter wurden nur in einer Stadt oder einem bestimmten Gebiet angebetet, auch waren nicht alle während der ganzen Zeit des ägyptischen Reichs gleich wichtig. Im Lauf der Jahrhunderte konnte sich außerdem ihr Aussehen verändern, einige Götter verschmolzen sogar miteinander zu einer neuen Gottheit.

Osiris, der Gott des Todes, ist leicht an seiner grünen oder auch bläulich-schwarzen Hautfarbe zu erkennen. Sein ganzer Körper ist wie eine Mumie in weiße Leinenbinden gewickelt, aus denen nur die Hände mit den königlichen Insignien herausschauen. Als oberster Totengott herrscht er über die Unterwelt und lebt dort ewig weiter.

Die beliebteste Göttin war **Isis**, die Ehefrau des Osiris und Mutter des Horus. Sie wurde als Muttergöttin verehrt, besonders geschätzt war sie aber vor allem als Schutzgöttin. Ihre magischen Kräfte brachten ihr den Beinamen „die Zauberreiche" ein und die Menschen baten sie oft um Hilfe. Ihr Erkennungszeichen war ein Thron auf dem Kopf.

Horus, der Sohn von Osiris, wird meistens mit dem Kopf eines Falken oder sogar nur als Falke dargestellt. Horus war vor allem der Gott des Königtums, der auf der Erde vom amtierenden Pharao – dem Horus-König – verkörpert wurde. Als Zeichen dieser Herrschaft trägt Horus die ägyptische Doppelkrone auf dem Kopf.

Osiris, Isis und Horus bilden eine Götterfamilie.

Schutzgötter

Die beliebtesten Schutzgötter der Ägypter waren die Nilpferdgöttin Taweret und der Zwergengott Bes mit seinem fratzenhaften Gesicht. In den meisten Häusern standen kleine Statuen dieser beiden Götter in einem Hausschrein und die Menschen vertrauten ihnen ihre Sorgen an oder baten sie um Hilfe.

Wie versuchten sich die Ägypter vor Unglück zu schützen?

Im Alltag eines jeden Ägypters spielten Glaube und Magie eine große Rolle. Während die Verehrung der großen Götter vor allem Sache der Pharaonen und Priester war, betete das Volk eher zu Göttern aus der Gegend oder wendete sich an spezielle Schutzgeister. Aber das allein genügte nicht. Jeder Ägypter, egal ob Pharao oder Bauer, ja sogar die Götter trugen Amulette, um sich vor Unglück zu schützen. Die Glücksbringer aus Metall, Stein oder Glas gab es in über 300 Formen, wie zum Beispiel Tiere, Hieroglyphen oder Götter. Die Menschen trugen sie an einer Schnur um Hals oder Handgelenk, als Ring oder eingeflochten ins Haar. Selbst den Verstorbenen legte man sie mit ins Grab.

Ursprünglich war **Amun** nur der Stadtgott von Theben, im Neuen Reich stieg er dann aber durch seine Verschmelzung mit dem Sonnengott zu Amun-Re auf, dem obersten Gott Ägyptens. Auf seine Eigenschaft als Gott des Windes weist die Federkrone und die blaue Hautfarbe hin. Beim ägyptischen Volk galt Amun als Beschützer der Armen, der für Gerechtigkeit und Gesundheit sorgen sollte.

Hathor war die lebenslustige Göttin des Glücks, der Liebe, des Tanzes und der Musik. Meist wird sie in Menschengestalt mit Kuhhörnern und Sonnenscheibe auf dem Kopf dargestellt. Besonders die ägyptischen Frauen verehrten sie und baten sie oft um Hilfe.

Für die Ägypter war **Seth** die Verkörperung des Bösen, eigentlich wurde er mehr verachtet als verehrt. Wie alle Götter hatte er aber nicht nur schlechte Seiten: Zusammen mit Horus war er Schutzgott des Pharaos und beschützte Re auf seiner nächtlichen Fahrt durch die Unterwelt.

Anubis mit dem Kopf eines Schakals war der Gott der Mumifizierung und der Friedhöfe. Er überwachte die Einbalsamierung der Toten und deren Bestattung. Eine wichtige Rolle spielte er beim Totengericht, denn zusammen mit Horus beaufsichtigte er das Wiegen des Herzens.

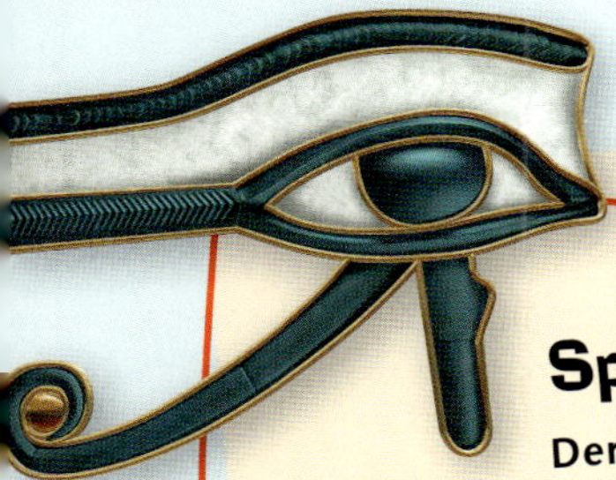

Spezial-Wissen

Der Legende nach verlor Horus im Kampf mit Seth sein linkes Auge. Der Gott Thot heilte Horus und sein Auge wurde zum Symbol für Heilung, Gesundheit und Lebenskraft. Das Horus-Auge galt als mächtiger Schutz vor Krankheit und war eines der beliebtesten Amulette Ägyptens, um Unheil abzuwehren.

Warum verehrten die Ägypter auch Tiere?

Ein Leben ohne Tiere war für die Ägypter nicht vorstellbar. Sie liebten Katzen und Hunde als Haustiere und hielten vor allem Rinder, Schafe und Ziegen als Lieferanten von Nahrung und Kleidung. Auch Fische und Wasservögel standen auf dem Speiseplan. Was für eine große Rolle Tiere im Alten Ägypten gespielt haben, zeigt sich aber vor allem in der Verehrung einiger heiliger Tiere. Diese wurden immer einem Gott zugeordnet, wie zum Beispiel der stolze Falke dem Gott Horus. Die Ägypter stellten sich diesen Gott aber nicht wirklich als Tier vor. Vielmehr verbanden sie ihn mit einem bestimmten Tier, weil dessen Eigenschaften besonders gut zu dem Gott passten. Deshalb wurden viele Götter auch in Gestalt eines Tiers dargestellt. Die Verbindung zwischen Göttern und Tieren ging aber noch weiter, denn auch lebende Tiere wurden als Verkörperung eines Gottes verehrt. In der Stadt Memphis wurde zum Beispiel der berühmte Apis-Stier gehalten, in dem man den Gott Ptah verehrte.

Ein Apis-Stier hatte immer ein schwarzes Fell mit weißen Flecken, die eine bestimmte Form haben mussten. Er lebte als Verkörperung des Gottes Ptah in einem Stall des Tempels und wurde von Priestern gepflegt. Diese führten ihn zu bestimmten Zeiten in ein öffentliches Gehege, damit die Menschen ihn sehen konnten.

Goldene Mumienmaske eines Apis-Stiers

In Sakkara gab es eine eigene Begräbnisstätte für Apis-Stiere: das Serapeum. Hier wurden die heiligen Stiere nach ihrem Tod mumifiziert und in riesigen Sarkophagen feierlich bestattet.

Statue der Katzengöttin Bastet

Sarkophag eines Ibis

Warum wurden Tiere sogar mumifiziert?

Die Tierliebe der Ägypter ging so weit, dass sie häufig sogar ihre Haustiere mumifizieren ließen, um ihnen ein Weiterleben im Jenseits zu sichern. Sie bekamen ein eigenes Grab oder wurden gar im Grab der Familie beigesetzt. Auch die heiligen Tiere wurden mumifiziert, weshalb es in der Nähe der Tempel auch eigene Friedhöfe für sie gab, die zum Teil gigantische Ausmaße hatten. Zum Beispiel fanden Archäologen in Sakkara 1,2 Millionen mumifizierte Hunde, die dem Gott Anubis geopfert worden waren. Die Tiere wurden vermutlich speziell als Opfertiere gezüchtet, getötet und nach der Mumifizierung an die Gläubigen verkauft. Diese haben sie dann einem Gott, verbunden mit einem Dank oder einer Bitte, als Opfer dargebracht.

Mumie eines Falken

Mumie eines Krokodils

Katzenmumie

Skarabäen

Ausgerechnet der Mistkäfer war eines der beliebtesten Tiere der Alten Ägypter. Das unermüdliche Rollen seiner Mistkugel erinnerte sie an den täglichen Lauf der Sonne! Damit war der Skarabäus – so lautet der lateinische Name – das perfekte Symbol für die Schöpfung und das ewige Leben, weshalb er auch den Toten mit ins Grab gegeben wurde.

Hättest du's gewusst?

Im Alten Ägypten gab es bereits Zoos! Einige Pharaonen hielten wilde Tiere in Gehegen, um ihre Macht zu zeigen. So lebten im Tiergarten der Pharaonin Hatschepsut Giraffen, Gazellen, Strauße und Affen.

Was geschah in einem Tempel?

Die Tempel wurden meistens nach demselben Muster gebaut: Sie hatten ein riesiges Eingangstor, den Pylon. Dahinter befand sich ein großer Hof mit Säulengängen an den Seiten. Der nächste Raum war eine nur spärlich beleuchtete Säulenhalle.

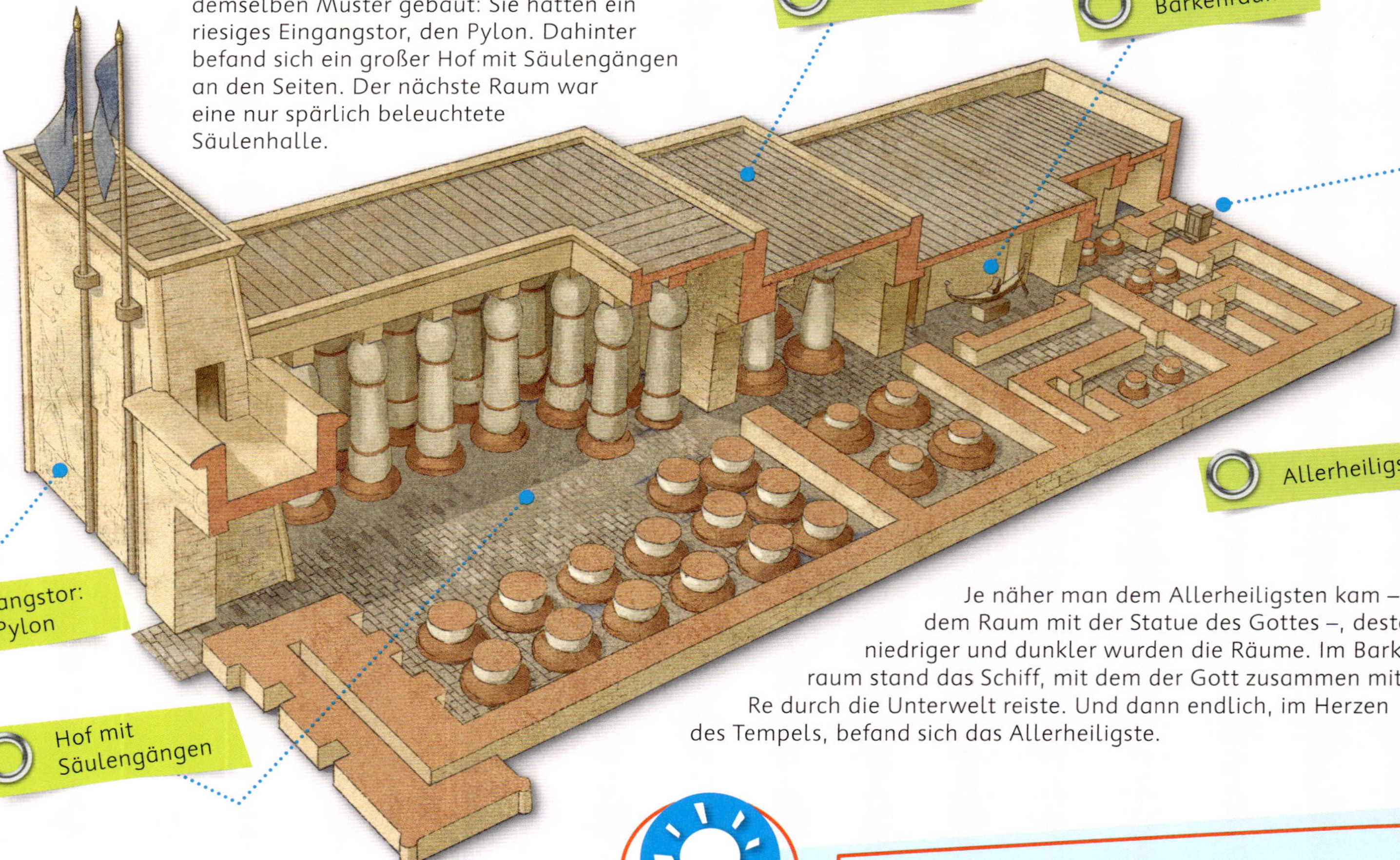

Je näher man dem Allerheiligsten kam – dem Raum mit der Statue des Gottes –, desto niedriger und dunkler wurden die Räume. Im Barkenraum stand das Schiff, mit dem der Gott zusammen mit Re durch die Unterwelt reiste. Und dann endlich, im Herzen des Tempels, befand sich das Allerheiligste.

Anders als in einer christlichen Kirche oder islamischen Moschee fanden in den ägyptischen Tempeln keine Gottesdienste oder gemeinsamen Gebete der Gläubigen statt. Die Tempel wurden von den Pharaonen einzig zu dem Zweck errichtet, einem Gott oder einer Göttin eine Wohnung auf Erden zu schaffen und sie dort täglich mit rituellen Handlungen und Opfergaben zu verehren. Die Ägypter glaubten, dass sich der Gott in irgendeiner Form in der Statue aufhielt, die im Allerheiligsten stand, und sie taten alles dafür, dass er sich dort wohlfühlte.

Zu einem Tempel gehörten auch Ländereien, die von Bauern bewirtschaftet wurden. Außerdem befanden sich auf dem Tempelgelände Werkstätten und Verwaltungsgebäude, Schreibstuben, Schulen und Bibliotheken sowie Unterkünfte für die Bediensteten des Tempels. Viele Göttertempel hatten sogar einen eigenen See, in dem sich die Priester vor ihren Kulthandlungen reinigten.

Hättest du's gewusst?

1500 Jahre wurde am Karnaktempel für den Gott Amun gebaut. Es ist die größte erhaltene Tempelanlage in Ägypten und sie hat den größten Tempelsee – er ist länger und breiter als ein Fußballfeld! Manche bezeichnen die Anlage sogar als das größte religiöse Bauwerk der Welt.

Dieses riesige Bauwerk ist der Totentempel der Hatschepsut. Hier wurde der Totenkult für die Pharaonin ausgeführt, weil das in ihrem Felsengrab im Tal der Könige nicht möglich war. Auch die anderen Pharaonen des Neuen Reichs ließen sich am Westufer des Nils große Totentempel bauen.

Welche Aufgaben hatte ein Priester?

Der oberste Priester in allen Tempeln des Landes war eigentlich der Pharao. Da er aber nicht überall gleichzeitig sein konnte, vertrat ihn immer ein Hohepriester. Er und die anderen Priester führten täglich komplizierte religiöse Zeremonien aus: Der Tag begann bei Sonnenaufgang mit der gründlichen Reinigung der Priester im Tempelsee. Danach zogen sie begleitet von Gebeten und Gesang durch die Hallen zum heiligsten Raum des Tempels. Zugang zu den inneren Räumen hatten nur der Pharao und die Priester. An der Tür des Allerheiligsten brachen die Priester das am Abend zuvor angebrachte Siegel in Form eines Lehmklumpens auf. Nun mussten sie die Statue wecken! Dafür zündeten sie in dem stockdunklen Raum eine Fackel an und näherten sich ihr mit gesenktem Kopf. Anschließend wuschen sie die Statue mit heiligem Wasser, salbten sie mit duftenden Ölen, zogen ihr frische Kleider an und legten Speisen und Getränke vor ihr nieder. Beim Verlassen des Raums fegten die Priester rückwärtsgehend den Boden und versiegelten die Tür erneut.

Spezial-Wissen

Eine Möglichkeit für das ägyptische Volk, mit den Göttern in Kontakt zu treten, bot sich an Festtagen. Bei dieser Gelegenheit wurde die Statue eines Gottes durch die Straßen getragen – zwar verhüllt oder in einem Schrein, aber immerhin. Jetzt konnten die Menschen der Gottheit persönlich Fragen stellen. Lautete die Antwort „Ja!“, bewegte sich die Statue deutlich nach vorne oder sie wurde so schwer, dass die Träger in die Knie gingen.

Nur während einer Prozession konnten die Menschen einen Blick auf ihre verehrten Götter werfen. Manche nutzten dann die Gelegenheit für ein persönliches Orakel.

Das Verbrennen von Weihrauch spielte bei den Ritualen der Priester eine große Rolle. Sie benutzten dafür ein Gerät, das aussah wie ein menschlicher Arm. Auf der Handfläche dieses Räucherarms wurden dann kleine Weihrauchkügelchen verbrannt. Der starke Duft sollte die Luft reinigen und die Aufmerksamkeit des Gottes erregen.

Priester trugen nur Gewänder aus Leinen, denn Leder oder Wolle galt als unrein. Außerdem hatten sie alle eine Glatze. Der Hohepriester trug zudem über dem Gewand noch ein Leopardenfell.

Auch Frauen waren als Musikerinnen und Tänzerinnen an den Ritualen im Tempel beteiligt.

Das Sistrum, eine Art musikalische Rassel, wurde bei heiligen Zeremonien und Festen gespielt.

Welche Schätze enthielt das Grab von Tutanchamun?

Im Vergleich zu den anderen Königsgräbern war das Grab des Tutanchamun ziemlich klein. Trotzdem befanden sich darin unglaubliche Schätze! In der Vorkammer stießen die Entdecker auf kostbare Möbel und Alltagsgegenstände für das Leben im Jenseits, darunter auch zahlreiche Behälter mit Lebensmitteln. Das Durcheinander in der Nebenkammer ging wohl auf das Konto von Plünderern, die das Grab heimgesucht hatten. Das Herzstück des Grabs war die Grabkammer mit ihren kunstvoll bemalten Wänden. Die Kammer bot gerade Platz für vier vergoldete Holzschreine, die einen mächtigen Granitsarg schützten. Darin befanden sich drei weitere Särge, im letzten aus massivem Gold lag die Mumie des Pharaos. Noch viele weitere kostbare Schätze, der Kanopenschrein und verschiedene Schiffsmodelle lagerten in der angrenzenden Schatzkammer.

In einer Truhe fand Howard Carter diesen Brustschmuck, ein sogenanntes Pektoral. Der Körper des Skarabäus besteht aus Wüstenglas, das man nur an einem schwer zugänglichen Ort in der lybischen Wüste findet. Dieses einzigartige Glas ist durch die große Hitze eines Meteoriteneinschlags aus geschmolzenem Sand entstanden und es ist seltener als Gold oder Diamanten.

Im Grab lagen sechs in Einzelteile zerlegte Streitwagen, ganz hätten sie nicht hineingepasst. Dieser wieder zusammengesetzte Wagen war sozusagen die Staatskarosse des Pharaos.

Auf der Lehne des prächtigen Thronsessels ist Tutanchamun mit seiner Frau Anchesenamun dargestellt. Das Bild wurde vorwiegend aus Goldblechen sowie aus vielen winzigkleinen Glas- und Halbedelsteinen zusammengesetzt.

Gab es den Fluch des Pharaos wirklich?

Als Lord Carnarvon am Tag der Öffnung der Sargkammer von einem Moskito gestochen wurde und kurze Zeit später starb, kam es zu wilden Gerüchten über einen „Fluch des Pharaos". Bereits seit der Antike glaubte man, dass die altägyptischen Könige ihre Gräber mit magischen Formeln und Zaubersprüchen gegen Eindringlinge geschützt hätten. Tatsächlich fand man in einigen Gräbern Inschriften mit Drohungen, die Grabräuber abschrecken und das Grab vor Dämonen schützen sollten. Aber hätte dann nicht den Entdecker des Grabs von Tutanchamun, Howard Carter, der Fluch als Erstes treffen müssen? Er starb aber erst 17 Jahre nach seinem sensationellen Fund.

Allerdings lauerten in den Grabkammern tatsächlich Gefahren: An den Grabwänden, in den zerfallenen Lebensmitteln, die als Grabbeigaben mitgegeben wurden, und auch im Staub befanden sich jahrtausendealte Schimmelpilze. War man körperlich nicht fit, konnte man von solchen Pilzen durchaus krank werden.

Woran starb Lord Carnarvon wirklich?

Eigentlich fing alles ganz harmlos an, als sich der Lord einen Moskitostich beim morgendlichen Rasieren aufritzte. Doch die Wunde entzündete sich. Da es damals noch kein Antibiotikum gab und er ohnehin nicht richtig gesund war, entwickelte sich daraus eine Lungenentzündung, die er nicht überlebte.

Sorgfältig legte Howard Carter die Mumie des Pharaos frei und reinigte sie. Dabei ging er immer mit großem Respekt vor. Die Geschichten um einen Fluch fand er aber lächerlich.

Hättest du's gewusst?

Zur Grabausstattung der Ägypter gehörten immer auch Uschebtis. Diese kleinen Diener-Figuren musste der Verstorbene im Jenseits nur rufen, dann erledigten sie für ihn die ganze Arbeit. Im Grab von Tutanchamun befanden sich 413 solcher Uschebtis: für jeden Tag des Jahres ein Arbeits-Uschebti, der Rest waren Aufseher und Oberaufseher.

Wie wurde das Grab des Tutanchamun entdeckt?

Eigentlich hatte niemand mehr damit gerechnet, im Tal der Könige noch irgendetwas Spektakuläres zu finden, nachdem Archäologen dort schon jeden Stein umgedreht hatten. Doch der Forscher Howard Carter glaubte fest daran, dass in den Felsen noch das Grab des Pharaos Tutanchamun versteckt lag. Mit seiner Begeisterung hatte Carter auch den englischen Lord George Carnarvon angesteckt, der ihm jahrelang Geld für weitere Ausgrabungen gab. Am 4. November 1922 war es dann so weit: Arbeiter hatten eine in den Fels gehauene Stufe ausgegraben! Schnell stellte sich heraus, dass die Treppe zu einer versiegelten Tür führte, hinter der ein mit Steinen gefüllter Gang lag. Nachdem das Geröll fortgeschafft worden war, standen Howard Carter und Lord Carnarvon vor einer weiteren zugemauerten Tür. Das Siegel und zahlreiche Inschriften ließen keinen Zweifel daran, dass sie vor dem Grab Tutanchamuns standen! Carter bohrte ein Loch in die Steine und schob seine Hand mit einer brennenden Kerze hindurch. Auf die Frage Lord Carnarvons, ob er etwas sehen könne, antwortete der Forscher völlig überwältigt:

„Ja, wunderbare Dinge!“

Howard Carter (links) und Lord Carnarvon (rechts) auf den Treppenstufen, die zu dem tief im Felsen liegenden Grab Tutanchamuns führen.

Schild neben dem Eingang zum Grab von Tutanchamun auf Arabisch und Englisch

Der Engländer Howard Carter ging ursprünglich nach Ägypten, weil er so gut zeichnen konnte: Ein Ägyptologe hat ihn zu einer Ausgrabung mitgenommen, damit er die Funde abzeichnete. Dabei lernte Carter eine Menge über Ägypten und die Arbeit eines Archäologen. Später führte er dann selbst Ausgrabungen durch. Die Entdeckung des Grabs von Tutanchamun machte ihn weltberühmt.

Howard Carter
(* London 1874,
† London 1939)

Lord Carnarvon
(* London 1866, † Kairo 1923)

Lord Carnarvon war ein reicher britischer Adeliger, der gerne Reisen in fremde Länder unternahm. Nach Ägypten war er auf Anraten seiner Ärzte gereist. Denn als er sich nach einem Autounfall nur schwer erholte, schlugen sie ihm vor, den Winter im warmen Ägypten zu verbringen, um seine geschwächte Lunge zu entlasten. Während dieses Aufenthalts wurde sein Interesse für Archäologie geweckt. Er erwarb eine Grabungslizenz für das Tal der Könige und finanzierte Howard Carter viele Jahre seine Ausgrabungen. Nur ein Jahr nach der Entdeckung des Grabs von Tutanchamun starb Lord Carnarvon.

Was ist das Tal der Könige?

Im Tal der Könige wurden bislang über 60 Gräber gefunden, von denen aber nur wenige von Touristen besichtigt werden dürfen.

Das Grab von Pharao Sethos I. ist eines der schönsten im Tal der Könige. Es hat eine gewölbte Decke, die den Nachthimmel mit verschiedenen Gottheiten darstellt.

Blick in die Grabkammer von Ramses VI.

Die Ägypter waren es leid, dass Grabräuber die Pyramiden ausraubten, kaum dass die Pharaonen darin bestattet waren. Deshalb suchten sie nach einem guten Versteck für ihre Königsgräber und wurden am Rand der Wüste nahe der Stadt Theben fündig. Ein ausgetrocknetes Flusstal, umgeben von hohen, steilen Felswänden wurde zur Totenstadt. Hier, im Tal der Könige, bestatteten die Ägypter ihre Pharaonen während der Zeit des Neuen Reichs. Die Gräber bestanden aus langen Gängen und mehreren Kammern, die tief in den Felsen gehauen wurden, die Eingänge waren nicht zu sehen. Doch trotz aller Vorsichtsmaßnahmen wurden auch diese Gräber komplett ausgeraubt – bis auf das Grab des Tutanchamun.

Deir el-Medina – das Dorf der Königsgräberarbeiter

Die Arbeiter und Künstler, die im Tal der Könige die Gräber in die Felsen schlugen und ausgestalteten, lebten ganz in der Nähe in dem Dorf Deir el-Medina. Etwa 60 Familien wohnten dort in kleinen Häusern, deren Ruinen heute noch stehen. Es wird vermutet, dass viele Bewohner des Dorfs auch an den Raubzügen durch die Gräber beteiligt waren, weil sie sich gut auskannten und wussten, welche Schätze dort lagerten.

Die berühmte Totenmaske des Tutanchamun lag über Kopf und Brust der Mumie. Sie wiegt 11 Kilogramm und ist aus purem Gold! Diese Maske ist das wertvollste Kunstobjekt der Welt. Wenn man sie in einer Ausstellung zeigen wollte, müsste man 6 Milliarden Dollar Versicherungswert bezahlen!

In diesen prunkvollen Außensärgen ruhte die Mumie von Tutanchamun.

Warum waren die Ägypter so reich?

Seinen Reichtum verdankte Ägypten hauptsächlich dem Nil. Einmal im Jahr trat der Fluss über die Ufer und überschwemmte das umliegende Land. Wenn er sich wieder in sein Flussbett zurückzog, hinterließ er auf den Feldern schwarzen Schlamm, der wie Dünger wirkte und den Bauern gute Ernten bescherte. Sie mussten den Großteil der Erträge allerdings an die Beamten des Pharaos abgeben, die die Ernte an alle Ägypter verteilten. Meistens blieb genug übrig, um Getreide, Leinen und Papyrus auch noch mit Schiffen ins Ausland zu transportieren. Dort wurde es gegen Holz, Metalle, Halbedelsteine und andere Waren eingetauscht. Wie viel vom Nil und der jährlichen Überschwemmung abhing, zeigte sich, wenn die Nilflut nicht ausreichte, zu stark war oder ganz ausblieb. Schlechte Ernten, Hungersnöte und Zerstörungen waren die Folge.

Schiffe waren das wichtigste Transportmittel im Alten Ägypten. Flussabwärts wurden sie von Ruderern angetrieben, flussaufwärts segelten sie mit dem Nordwind. Dabei legten die Frachtkähne in ziemlich kurzer Zeit weite Strecken zurück. Zum Angeln oder bei der Jagd auf Wasservögel nutzte man Boote aus Papyrus.

Mit einem praktischen Gerät, dem Schaduf, schöpften die Bauern Wasser aus dem Nil und füllten so die Bewässerungsgräben auf ihren Feldern. Es bestand aus einem hölzernen Hebel mit einem Gefäß zum Wasserschöpfen an der einen Seite und einem Gegengewicht an der anderen Seite. Noch heute wird der Schaduf von den ägyptischen Bauern wie vor Tausenden von Jahren benutzt.

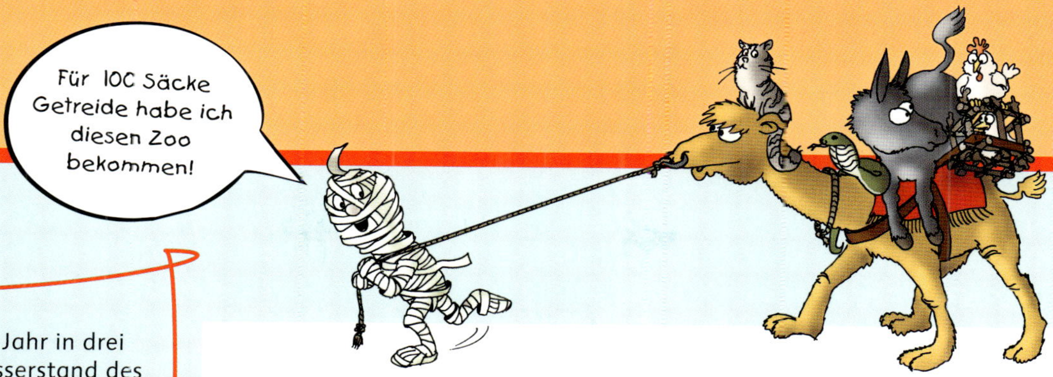

Die Alten Ägypter teilten das Jahr in drei Jahreszeiten auf, die vom Wasserstand des Nils und der Landwirtschaft bestimmt wurden. Dabei waren „Achet“, die Zeit der Überschwemmung, und „Peret“, die Zeit der Aussaat und Ernte, die beiden wichtigsten Perioden des Jahres. In der dritten Jahreszeit, „Schemu“, herrschte große Hitze und der Boden trocknete aus.

Achet

Etwa vier Monate lang, zwischen Juli und Oktober, standen die Felder unter Wasser. Die Menschen zogen sich dann auf höher gelegene Wohnplätze zurück. In dieser Zeit mussten die Bauern häufig auf einer Baustelle des Pharaos arbeiten.

Peret

Sobald sich das Nilwasser zurückgezogen hatte, begannen die Bauern mit der Aussaat von Getreide und dem Anbau von Gemüse. Schon bald sprossen überall die Pflanzen aus dem Boden und das Land wurde grün. Am Ende dieser Periode stand die Ernte.

Womit bezahlten die Ägypter ihre Einkäufe?

Münzgeld lernten die Ägypter erst in der Spätzeit kennen, bis dahin wurden die Waren getauscht. Das funktionierte so: Auf dem Markt bot man Nahrungsmittel oder Tiere gegen Kleidung, Möbel, Werkzeuge oder Dienstleistungen zum Tausch an. Um den Wert einer Ware festzulegen, gab es den „Deben“. Dieses Gewicht aus Kupfer, Silber oder Gold war meist wie ein Stein oder Ring geformt und wog im Neuen Reich etwa 90 Gramm. Ein Huhn hatte zum Beispiel den Wert von ¼ Deben, ein Rind hingegen war 140 Deben wert.

Weihrauch wurde vor allem aus Punt nach Ägypten gebracht. In dieses Land – von dem man bis heute nicht genau weiß, wo es lag – unternahmen die Ägypter auch mehrere Handelsexpeditionen.

Kostbare Halbedelsteine wie diesen Lapislazuli erhielten die Ägypter von Händlern aus benachbarten Ländern im Tausch gegen Getreide oder andere ägyptische Waren.

Tauschhandel mit unterschiedlichen Waren

Spezial-Wissen

Die Alten Ägypter wendeten ein einfaches Verfahren an, um die bereits von den Ähren gelösten Getreidekörner vollständig von der Spreu zu befreien: das Worfeln. Dabei warfen sie die Körner mit flachen Korbschalen in die Luft, sodass der Wind die dünnen Häutchen, feinen Härchen und Strohreste davonwehte und die schweren Körner auf den Boden fielen. Heute macht man das mit Maschinen, die aber immer noch nach demselben Prinzip arbeiten.

Welche Berufe gab es im Alten Ägypten?

Alle berufstätigen Menschen im Alten Ägypten standen im Dienst des Pharaos, entweder direkt oder sie arbeiteten für einen seiner Beamten. Die Bauern bestellten seine Felder, die meisten Handwerker arbeiteten in seinen Werkstätten, die Arbeiter errichteten seine monumentalen Bauwerke, die Soldaten kämpften in seinen Kriegen, die Priester beteten für ihn. Für die Ägypter war das so in Ordnung, schließlich beschützte der Pharao sie auch. Bezahlt wurden alle mit Nahrungsmitteln, die Beamten bekamen auch Kleidung oder sogar Diener als Lohn. In der Regel übernahmen die Söhne die Berufe ihrer Väter, nur selten gelang einem Bauern- oder Handwerkersohn der Aufstieg in die Riege der Schreiber.

Tischler, Zimmerleute und Bootsbauer

Holz war in Ägypten ein wertvoller Rohstoff – deshalb bewunderte man die Handwerker, die aus diesem wertvollen Material so kunstvolle Produkte schufen.

Goldschmiede

Die ägyptischen Goldschmiede waren in ihrem Fach wahre Meister. Sie beherrschten viele Techniken und noch heute staunen wir über ihre feinen Arbeiten. Oben links im Bild sieht man einen Goldschmied, der mit einem Blasrohr das Feuer anfacht, um das Metall flüssig zu halten, während er es bearbeitet.

Maler und Bildhauer

Sie schufen Statuen und Reliefs aus Stein und bemalten die Wände und Säulen der Paläste, Tempel und Gräber. Damit nichts schiefging, wurde das Motiv von den Zeichnern mithilfe eines Liniennetzes auf die Wand übertragen und dann erst von den Malern bunt ausgemalt.

Schreiber

Die meisten Menschen im Alten Ägypten konnten weder lesen noch schreiben, deshalb waren die Schreiber sehr angesehen. Nach Abschluss ihrer Ausbildung in einer Schreiberschule arbeiteten sie für die königliche Verwaltung oder für einen Tempel.

Ärzte

Ärzte wurden im „Haus des Lebens" ausgebildet, das an die Tempel angegliedert war. Dort lernten sie nicht nur medizinisches Fachwissen, sondern auch magische Rituale. Die ägyptischen Ärzte waren weit über die Landesgrenzen bekannt.

Der hier gezeigte Hesire war wahrscheinlich um 2700 v. Chr. königlicher Zahnarzt.

Bauern

Den Bauern verdankte Ägypten einen Großteil seines Reichtums, denn sie schufteten auf den Feldern, um eine gute Ernte einzubringen. Als Hilfsmittel hatten sie nur einfache Ackergeräte und Rinder als Zugtiere. Gab es in der Landwirtschaft während der Nilflut nichts zu tun, arbeiteten sie auf den Baustellen des Pharaos.

Wie war die Gesellschaft aufgebaut?

Die Ägypter bauten nicht nur Pyramiden, auch ihre Gesellschaft war wie eine Pyramide aufgebaut. An der Spitze stand der Pharao als alleiniger Herrscher. Ihm folgten seine Frau, seine Mutter und seine Kinder sowie alle anderen Verwandten. Die Oberschicht bildete eine kleine Gruppe von Mächtigen, angeführt vom zweitwichtigsten Mann im Reich, dem Wesir. Er war Berater des Königs und Chef der Verwaltung. Zusammen mit den Fürsten in den Landesteilen, den hohen Beamten, Schreibern, Tempelpriestern und Militärs halfen sie dem Pharao bei der Regierung des Landes. Die Mittelschicht bildeten die Handwerker und Kaufleute, aber auch die Priesterinnen und Priester in den kleinen Tempeln sowie die Musiker. Der größte Teil der Bevölkerung waren Bauern und Arbeiter, einfache Soldaten, Diener und Sklaven.

1. Stufe: Pharao

2. Stufe: Oberschicht

3. Stufe: Mittelschicht

4. Stufe: einfaches Volk

Hättest du's gewusst?

Die ägyptischen Künstler hatten klare Vorgaben, wie Figuren gezeichnet werden mussten. Dabei mixten sie munter verschiedene Darstellungsweisen: So wird der Kopf von der Seite gemalt, Auge und Augenbraue aber von vorn. Der Oberkörper mitsamt den Armen ist wieder dem Betrachter zugewandt, der Unterkörper und die Beine sind dagegen von der Seite zu sehen.

Wie lebte eine ägyptische Familie?

Frau knetet Brotteig

Familie war für die Ägypter sehr wichtig. Sie liebten Kinder und wollten möglichst viele bekommen, damit sie im Alter versorgt waren und Erben hatten. Schlimm war es für ein Paar, das keine Kinder bekommen konnte – sie galten sogar als verflucht! Die meisten ägyptischen Ehepaare hatten fünf bis zehn Söhne oder Töchter, die auch als Erwachsene nie weit wegzogen und sich um ihre Eltern kümmerten. Die Jungen lernten den Beruf ihrer Väter und den Mädchen wurde von ihren Müttern alles beigebracht, was sie zur Führung eines Haushalts wissen mussten. Denn die ägyptische Frau war in erster Linie Hausfrau und Mutter, egal welcher Schicht sie angehörte. Als „Herrin des Hauses" kümmerte sie sich um die Erziehung der Kinder und erledigte die Hausarbeit, für die es nur in reichen Familien Diener gab. Einige Frauen übten auch einen Beruf aus, sie arbeiteten zum Beispiel als Musikerinnen, Weberinnen oder Ärztinnen.

Das Alltagsleben einer ägyptischen Familie fand in einem großen Gemeinschaftsraum statt. Möbel gab es dort nur wenige, zum Sitzen reichten geflochtene Matten. Auf solchen Matten wurde auch geschlafen, denn nur bei reichen Ägyptern stand im Schlafzimmer ein Bett.

Hättest du's gewusst?

Im Durchschnitt wurden die Menschen im Alten Ägypten nur 35 Jahre alt, nur wenige wurden deutlich älter. Zum Vergleich: Heute werden Menschen in Deutschland etwa 80 Jahre alt! Weil die Ägypter nicht so alt wurden, heirateten sie auch früher und bekamen früher Kinder.

Mussten ägyptische Kinder auch zur Schule gehen?

Schulen, wie wir sie heute kennen, gab es im Alten Ägypten nicht. Es gingen dort nämlich nur diejenigen hin, die den Beruf des Schreibers lernen wollten – und das waren meist die Söhne der Schreiber und Beamten. Deshalb waren die Schulen am Palast des Königs oder an den Tempeln untergebracht, denn dort wurde viel geschrieben. Wie bei uns begann die Schulzeit mit 5 oder 6 Jahren. Die Kinder lernten schreiben und lesen, indem sie Texte abschrieben und auswendig lernten, auch Diktate gab es schon. Außerdem stand Rechnen auf dem Stundenplan, denn das mussten die zukünftigen Beamten ebenfalls können.

Eine Puppe aus bemaltem Holz

Ein Spielzeugpferd

Auch ägyptische Kinder mochten Spielzeug zum Hinterherziehen. Bei diesem hölzernen Pferd mit Reiter konnte man eine Schnur durch das Loch am Kopf des Pferdes ziehen.

Diese Grabmalerei zeigt den Baumeister Sennedjem und seine Frau beim Senetspiel.

Ein Lieblingsspiel der Ägypter hieß Senet. Zwei Spieler kämpften dabei gegen die Kräfte des Bösen, die verhindern wollten, dass die Spieler ins Königreich des Osiris einzogen. Im Grab von Tutanchamun wurden gleich vier Senetspiele gefunden!

Senetspiel

Welche Kleider und Frisuren trugen die Ägypter?

Die Menschen im Alten Ägypten legten viel Wert auf Schönheit und Mode. Ihre Kleidung war in der Regel aus weißem Leinenstoff. Die Männer trugen im Alltag nur ein Tuch um die Hüften, das je nach der aktuellen Mode mal länger und mal kürzer war. Auch bei den Frauen änderte sich die Kleidung von Epoche zu Epoche, aber eine lange weiße Leinentunika wurde immer getragen. Kleine Kinder liefen meistens nackt herum. Die Ägypter waren auch begeisterte Schmuckträger – Männer wie Frauen! Beliebt waren bunte, oft sehr breite Halsketten, Ohrringe, Armreifen, Ketten um die Fußknöchel und Ringe. Ebenfalls ein Muss für alle Ägypter war Schminke. Die Augen wurden dick mit schwarzem Kajal ummalt, was den Menschen nicht nur gefiel, sondern wegen seiner Inhaltsstoffe auch vor einer Entzündung der Augen schützen sollte.

Zwei Besonderheiten gab es bei den Frisuren der Ägypter: Bei Feierlichkeiten setzten sie Perücken aus Menschenhaar, Wolle oder Pflanzenfasern auf. Und den Jungen rasierte man die Haare bis auf einen Zopf an der rechten Seite ab. Diese sogenannte Jugendlocke wurde erst in der Pubertät abgeschnitten.

Bei festlichen Anlässen trugen die Ägypter lange Gewänder und tiefschwarze Perücken, in die oft noch Perlen, Schleifen und Bänder eingearbeitet waren. Wer es sich leisten konnte, zog Sandalen aus Papyrus oder Leder an, alle anderen gingen barfuß.

Die Ägypter trugen gerne breite Halsketten, sogenannte Pektorale.

Für die Herstellung von Schminke wurden Mineralien zerrieben, mit Wasser oder Fetten gemischt und in Röhrchen aufbewahrt.

Schminkkasten

Aus pulverisiertem Lapislazuli wurde leuchtendblaue Augenschminke hergestellt.

Wie feierten die Ägypter?

Hättest du's gewusst?

Bei Festlichkeiten setzten Diener jedem Gast einen Kegel aus parfümierter Salbe auf den Kopf. Mit der Zeit wurde die Salbe durch die Wärme des Körpers und der Umgebung flüssig und lief an den Perücken herunter auf die Kleidung. Dadurch verbreitete sich ein angenehmer Duft!

Wie wir auch machten sich die Ägypter bei Festen nicht nur schick, sondern aßen auch besondere Speisen und tranken Bier und Wein. Vor und nach dem Essen wuschen sich die Gäste die Hände in Schalen mit parfümiertem Wasser. Das war auch nötig, denn gegessen wurde mit den Fingern! Einen großen Tisch sucht man bei einem ägyptischen Festessen übrigens vergeblich, die Menschen saßen in kleinen Gruppen, Männer und Frauen getrennt, auf Matten, Kissen oder Stühlen beieinander. Für Unterhaltung sorgten Musiker, die oft von Tänzerinnen begleitet wurden. Auch Akrobaten, Jongleure und Geschichtenerzähler traten auf.

Probier's aus: Ringelblumenöl selbst gemacht

Schon die Ägypter kannten die Heilkraft der Ringelblume und stellten daraus Öle und Salben her. Das kannst du auch!

Du brauchst:

- 25 Gramm Ringelblumenblüten (frisch gepflückte oder getrocknete aus der Apotheke)
- 1/4 Liter Sonnenblumenöl
- Schraubglas mit Deckel
- Trichter
- Filter oder feines Sieb
- weiteres Schraubglas oder Flasche mit Deckel

So geht's:

1. Gib die Ringelblumenblüten in das Schraubglas und gieß das Sonnenblumenöl durch einen Trichter auf die Blüten.
2. Verschließ das Glas und stell es 14 Tage an einen sonnigen, warmen Platz. Ab und zu solltest du das Glas etwas schütteln.
3. Nach 14 Tagen gießt du das Öl durch den Filter oder das Sieb in das andere Schraubglas oder eine Flasche.

Tipp: Das Öl solltest du im Kühlschrank aufbewahren, dann ist es etwa ein Jahr haltbar. Es macht trockene, rissige Haut wieder schön weich und hilft auch bei Wunden.

Tänzerin

Musikerinnen

Musik gehörte für die Ägypter zum Feiern dazu. Hier spielen Musikerinnen auf einer Harfe (rechts), einer Laute (Mitte) und einer Flöte (links).

Hatten die Alten Ägypter auch Feinde?

Im Streitwagen und mit Pfeil und Bogen gingen die Ägypter seit dem Neuen Reich auf ihre Feinde los. Ausgangspunkt für Feldzüge waren meistens Festungen an den Grenzen, wo auch Truppen stationiert waren.

Tutanchamun kämpft im Streitwagen gegen seine Feinde.

Dieses Modell zeigt eine Abteilung der ägyptischen Armee, bestehend aus 40 Soldaten. Bewaffnet sind sie mit Speeren, zur Verteidigung dienen ihnen mit Tierfellen bespannte Holzrahmen.

Ägypten war durch das Meer und die das Land umgebenden Wüsten und Gebirge vor Feinden recht gut geschützt. Mit libyschen Eindringlingen, die immer mal wieder versuchten, sich auf dem fruchtbaren ägyptischen Boden niederzulassen, wurden sie leicht fertig. Anfangs gab es auch noch kein stehendes Heer. Wenn der Pharao Soldaten brauchte, holte er sich Männer aus den Dörfern.

Große Veränderungen im Militärwesen gab es, nachdem asiatische Könige – die Hyksos – etwa 1650 v. Chr. in Ägypten eingedrungen waren und das Land hundert Jahre lang beherrscht hatten. Die Ägypter konnten die fremden Herrscher schließlich vertreiben, indem sie sich bei ihnen neue Waffen abgeschaut und ihre Soldaten besser ausgebildet hatten. Nun bauten sie ihre seit dem Mittleren Reich bestehende Berufsarmee zum modernsten Heer der damaligen Zeit aus. Die Pharaonen des Neuen Reichs, die nun auch oberste Heerführer waren, setzten diese schlagkräftige Truppe dann auch unermüdlich ein. Ständig unternahmen sie Feldzüge, um ihr Land zu vergrößern oder dafür zu sorgen, dass abhängige Staaten auch ihre Abgaben zahlten.

Woher wissen wir so viel über das Alte Ägypten?

Unser Wissen über das Alte Ägypten müssen wir uns aus vielen verschiedenen Quellen zusammensuchen. An schriftlichen Hinterlassenschaften gibt es Texte auf Papyrus und Tonscherben oder Inschriften in Gräbern und Tempeln. Viele Informationen liefern auch die zahlreichen Wandmalereien. Eine weitere wichtige Quelle sind Gegenstände wie Grabbeigaben oder andere Dinge, die Archäologen bei Ausgrabungen finden. Und natürlich sind auch die prächtigen Bauwerke der Ägypter eine Quelle. Schwierig war es allerdings herauszufinden, wie ein normales Wohnhaus aussah, denn diese wurden meist nicht aus Stein, sondern aus Lehmziegeln gebaut. Diese aus Nilschlamm, Stroh und Sand geformten Ziegel waren nicht so beständig wie Stein, denn bei Feuchtigkeit lösten sie sich langsam auf. Außerdem konnte man Häuser aus Lehmziegeln auch leicht zerstören und etwas Neues darauf bauen, was die Ägypter auch oft gemacht haben. Trotzdem haben sich die Grundmauern einiger Städte erhalten. Mithilfe des Computers können die Forscher die Gebäude rekonstruieren und Modelle davon anfertigen.

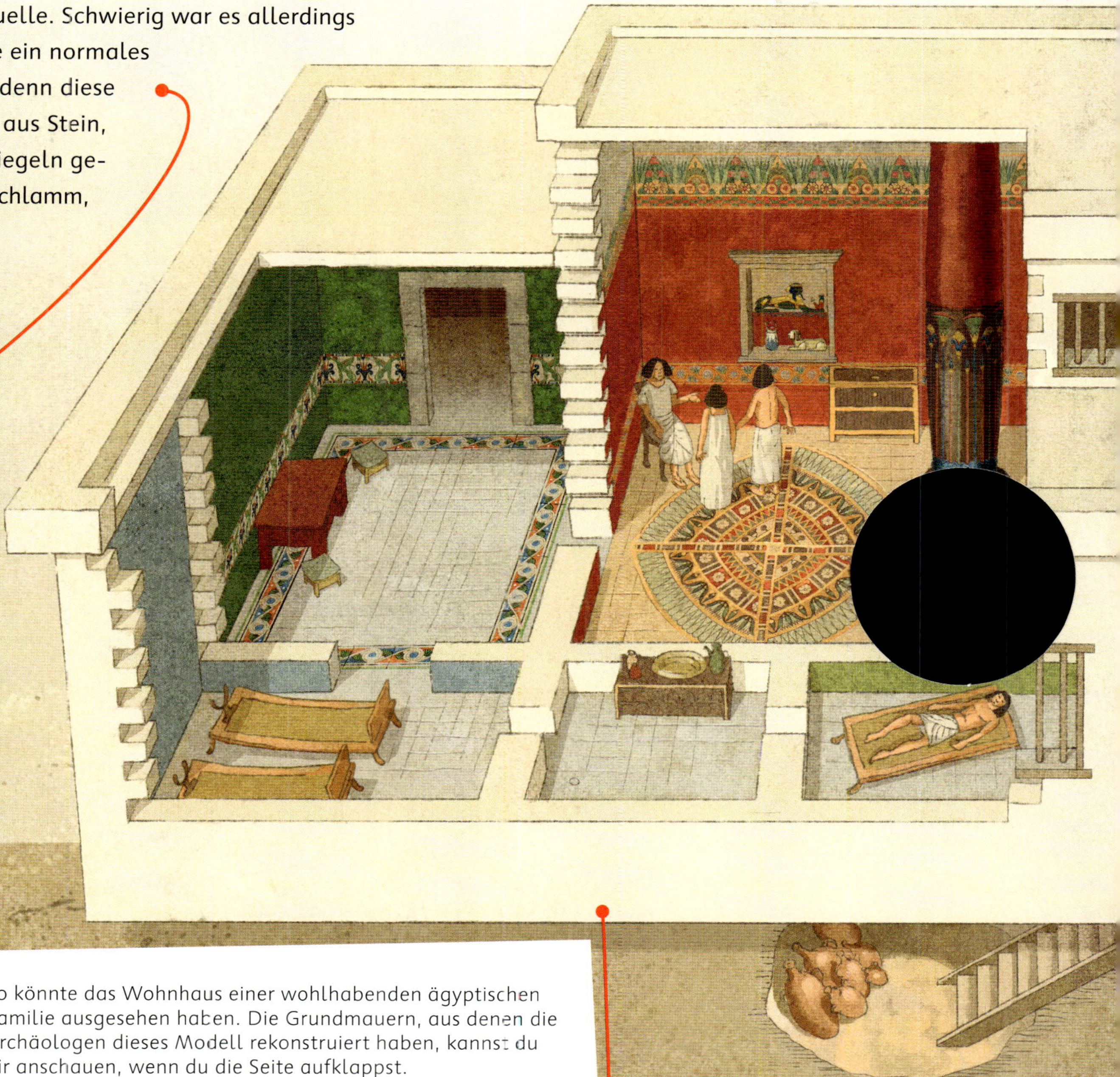

So könnte das Wohnhaus einer wohlhabenden ägyptischen Familie ausgesehen haben. Die Grundmauern, aus denen die Archäologen dieses Modell rekonstruiert haben, kannst du dir anschauen, wenn du die Seite aufklappst.

Wer plünderte die Gräber der Pharaonen?

Grabräuber waren bereits im Alten Ägypten ein Problem. Nicht selten kam es vor, dass sie bereits kurz nach der Bestattung des Pharaos kamen, um das Grab leer zu räumen. Häufig haben die dreisten Diebe wohl selbst beim Bau des Grabmals mitgearbeitet, sodass sie genau wussten, wo die Schätze lagen. Auch heute noch ist alles, was mit dem Alten Ägypten zu tun hat, ein Anreiz für Diebe. Manchmal haben sie beim Auffinden von Gräbern mehr Glück als die Archäologen! Auf der Suche nach archäologischen Schätzen graben auch immer mehr Ägypter einfach unter ihrem Haus oder in der Nähe eines Tempels oder einer Grabanlage ein Loch in den Boden – und meistens finden sie sogar etwas: Gefäße und Statuen, Steine mit Inschriften oder Malereien. Käufer für diese Funde gibt es immer, zum größten Teil werden sie außer Landes geschmuggelt. Das ist natürlich verboten und wer erwischt wird, muss mit einer harten Bestrafung rechnen!

Auch den Sarkophag von Thutmosis III. fanden die Archäologen 1889 bereits beschädigt und leer vor. Seine von den Grabräubern zurückgelassene Mumie war wenige Jahre zuvor in einem Mumien-Sammel-Grab entdeckt worden, wohin sie zum Schutz gebracht worden war.

Die berühmte Büste der Nofretete

Spezial-Wissen

Weil sie bei Touristen und Kunstsammlern so beliebt sind, werden Schmuckstücke oder Gegenstände aus pharaonischer Zeit zum Teil täuschend echt nachgemacht. Selbst Experten erkennen so eine Fälschung nicht immer sofort. Ebenso schwierig ist es oft zu beweisen, dass ein Kunstwerk echt ist. So wurde zum Beispiel schon infrage gestellt, dass die berühmte Büste der Nofretete wirklich über 3000 Jahre alt ist. Vielmehr sollte sie erst im Jahr 1912 hergestellt worden sein. Auch wenn eigentlich niemand daran zweifelt, dass die Büste echt ist, konnten die Forscher es trotz modernster Technik bis heute nicht beweisen.

Was passiert bei einer Ausgrabung?

Aus schriftlichen Quellen wissen die Archäologen, wo einmal ein Dorf gewesen sein muss. Nachdem sie sich das Gelände genau angesehen haben, eventuell auch aus der Luft, legen sie fest, wo gegraben wird. Zentimeter für Zentimeter durchsuchen sie dann zusammen mit ihren Helfern die Erde nach Fundstücken und legen Mauerreste von Gebäuden frei. Dafür benutzen sie Werkzeuge wie zum Beispiel eine Kelle, um die Erde vorsichtig abzutragen, einen Pinsel zum Säubern der Funde oder für ganz feine Arbeiten sogar ein Skalpell. Alles, was sie finden, selbst der kleinste Splitter, wird vorsichtig gesäubert, vermessen, abgezeichnet, beschrieben und fotografiert. Das ist eine ziemlich aufwendige Arbeit und dauert Jahre!

Noch längst wurden nicht alle Überreste des Alten Ägypten gefunden. Auch heute noch führen zahlreiche Archäologen aus aller Welt in Ägypten Ausgrabungen durch und stoßen dabei immer wieder auf neue, überraschende Funde.

Nach den Angaben der Archäologen werden auch zerstörte Bauwerke wiederaufgebaut, wie hier einer der Pylone des Amun-Tempels in Karnak.

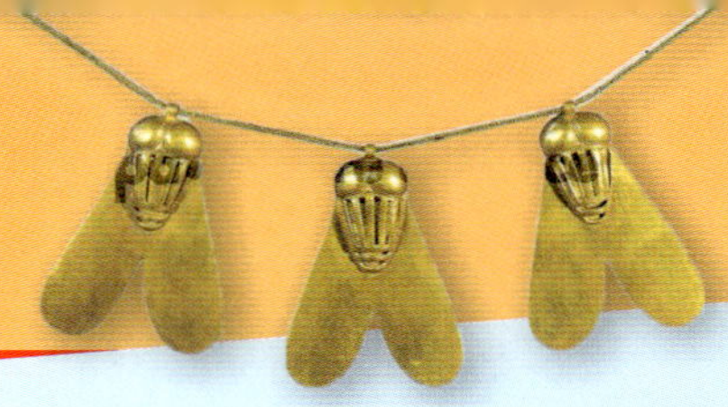

Hättest du's gewusst?

Als eine Art Orden erhielten besonders tapfere Soldaten eine Kette mit goldenen Fliegen. Diese Kette war ein Zeichen dafür, dass sie den Feind – wie ein Fliegenschwarm – pausenlos angegriffen hatten, ohne sich von ihm in die Flucht schlagen zu lassen.

Kleopatra VII.

Alexander der Große

Mit welchen Waffen kämpften die Ägypter?

In den Anfangszeiten des Reichs kämpften die bunt zusammengewürfelten und ziemlich unorganisierten Truppen mit Keulen, Dolchen, Streitäxten, Lanzen und Schleudern, auch Pfeil und Bogen gab es schon. Zu ihrer Verteidigung trugen die Soldaten Schilde. Etwas ganz Neues brachten dann die Hyksos nach Ägypten: von Pferden gezogene Streitwagen! Das mussten die Pharaonen auch haben! Sie bauten die Wagen nach und entwickelten die Technik sogar noch weiter. Die ägyptischen Streitwagen waren leichter als die der Asiaten, sie wurden nur von einem Wagenlenker und einem mit Pfeil und Bogen bewaffneten Kämpfer besetzt und von zwei Pferden gezogen.

Im Neuen Reich änderte sich auch die Bewaffnung: Lanzen und Pfeile erhielten Metallspitzen, die Schilde wurden mit Bronze verstärkt. Die Soldaten, die bislang ohne jegliche Rüstung gekämpft hatten, trugen nun Helme und Lederpanzer. Als Nahkampfwaffe wurde das Krummschwert eingeführt.

Warum ging das Reich der Ägypter unter?

Mit dem Tod des Pharaos Ramses III. im Jahr 1153 v. Chr. begann die Zeit des Niedergangs. Die Pharaonen besaßen kaum noch Macht, über Teile Ägyptens herrschten Priester, Räuber plünderten die Königsgräber. Fast 1 000 Jahre lang wurde Ägypten mehrfach von Fremden erobert und beherrscht, die Machtverhältnisse wechselten ständig. Zu dieser Zeit erlebten die Reiche der Griechen und Römer ihre Blütezeit und der Grieche Alexander der Große vertrieb im Jahr 332 v. Chr. die Perser aus Ägypten. Nach seinem Tod begründete einer seiner Generäle mit Namen Ptolemäus ein neues Herrschergeschlecht. Die berühmte Kleopatra VII. herrschte als letzte ptolemäische Königin und zugleich als letzte Pharaonin. Im Jahr 31 v. Chr. wurde Ägypten schließlich römische Provinz.

Krummschwert (Chepesh)

Mit solchen Waffen kämpften die Ägypter: Äxte mit langen Schneiden, Lanzen mit unterschiedlichen Spitzen und Keulen. Die verzierte Zeremonialaxt wurde hauptsächlich bei festlichen Anlässen getragen.

Anhand der Hieroglyphen-Inschriften an Wänden von Tempeln oder Gräbern können die Forscher herausfinden, wer hier verehrt wurde oder begraben war.

Mithilfe solcher Modelle, die Verstorbenen oft als Grabbeigabe mitgegeben wurden, erfahren wir etwas über den Alltag der Menschen damals. Hier wird das Mahlen von Getreide, das Backen und Bierbrauen gezeigt.

Schüssel mit Fischen und Lotusblumen

Stühle waren besonders bei den reichen Ägyptern sehr beliebt. Erhalten sind sie meist als Grabbeigaben.

Dieses Bett stammt aus dem Grab von Tutanchamun.

Robert Kuhn

Arbeiter auf einer Grabungsstätte in Sakkara

Interview mit dem Ägyptologen Robert Kuhn

Robert Kuhn von der Universität Bonn war schon bei vielen Ausgrabungen in Ägypten dabei und kann uns einiges darüber erzählen.

Wer arbeitet alles auf einer Ausgrabung?
Der Chef einer Ausgrabung ist der Grabungsleiter. Er hat verschiedene Mitarbeiter dabei, die sich auf bestimmte Dinge wie Keramik, Stein, Skelette usw. spezialisiert haben. Außerdem sind Restauratoren vor Ort, damit die Funde gleich richtig behandelt werden, und Fotografen, die jede Kleinigkeit fotografieren. Wichtige Helfer beim Ausgraben sind die einheimischen Arbeiter. Sie werden von einem Vorarbeiter geleitet, der auf Arabisch „Rais" genannt wird. Ein Inspektor der ägyptischen Altertümerverwaltung ist auch immer dabei. Er beobachtet die Ausgrabung und hilft bei Problemen.

Was passiert mit einem Fundstück nach der Ausgrabung?
Wenn man ein Fundstück im Sand findet, darf man es auf keinen Fall sofort herausnehmen! Denn sonst würden viele wichtige Informationen verloren gehen, zum Beispiel wo es lag oder wie genau es da lag. Das Objekt muss zunächst so freigelegt werden – manchmal tatsächlich mit dem kleinen Pinsel –, dass man es fotografieren und in seiner Umgebung zeichnen kann. Erst danach kann es entfernt werden.

[redacted]

Wird das Fundstück danach gleich an ein Museum geschickt?
Nein, zunächst muss das Fundstück noch vollständig gesäubert und dann inventarisiert werden, das heißt es bekommt eine Nummer, wird beschrieben und fotografiert. Wichtig ist, dass es auch noch einmal sorgfältig von allen Seiten gezeichnet wird, denn beim genauen Hinsehen fallen einem oft noch neue und interessante Einzelheiten auf, wie zum Beispiel die Herstellungstechnik. Erst wenn das alles erledigt ist, kommt der Fund in ein Magazin der ägyptischen Altertümerverwaltung oder in ein Museum.

Haben Sie schon einmal einen Schatz gefunden?
Ihr wollt jetzt sicher „Gold" hören, oder? Na ja, wahrscheinlich habt ihr schon längst gemerkt, dass die meisten Ägyptologen im normalen Grabungsalltag fast nie Gold finden. Tatsächlich sieht es so aus, dass wir sehr viel mehr Keramik, Steinobjekte und Knochen finden. Das ist ehrlich gesagt auch viel spannender, denn mithilfe dieser Funde können wir verstehen, wie die Ägypter damals tatsächlich gelebt haben. Wir wissen dadurch, wie der Alltag einer Familie in einem Dorf aussah, was die Ägypter gekocht und gegessen haben, wo und wie sie geschlafen haben.

Vorsichtig legt ein Ausgräber einen Mumiensarg mit dem Pinsel frei.

Grabungstechniker bei der Arbeit

Die Grundmauern der Gebäude in Achet-Aton waren aus Stein. Deshalb sind viele Fundamente erhalten geblieben.

Echnaton mit seiner Frau Nofretete und drei seiner Töchter. Über ihnen schwebt Aton, die Sonnenscheibe.

Eine neue Hauptstadt in der Wüste

Der Pharao Echnaton hat das ägyptische Reich ganz schön auf den Kopf gestellt. Er ernannte die Sonnenscheibe Aton, als die der Sonnengott in Erscheinung trat, zum alleinigen Gott aller Ägypter. Das war eine Revolution! Zu Ehren Atons ließ er in kürzester Zeit eine komplette Stadt in der Wüste erbauen: Achet-Aton, das heutige Amarna. Diese Stadt stellt für die Archäologen einen echten Glücksfall dar, denn hier wurden besonders viele und gut erhaltene Gebäudetypen ausgegraben, vom einfachen Wohnhaus bis zur Villa, vom Stall bis zum Palast. Nach Echnatons Tod war der Spuk allerdings schnell vorbei und die Menschen kehrten in die alte Hauptstadt Memphis zurück. Teile Achet-Atons wurden zerstört, der Rest verfiel.

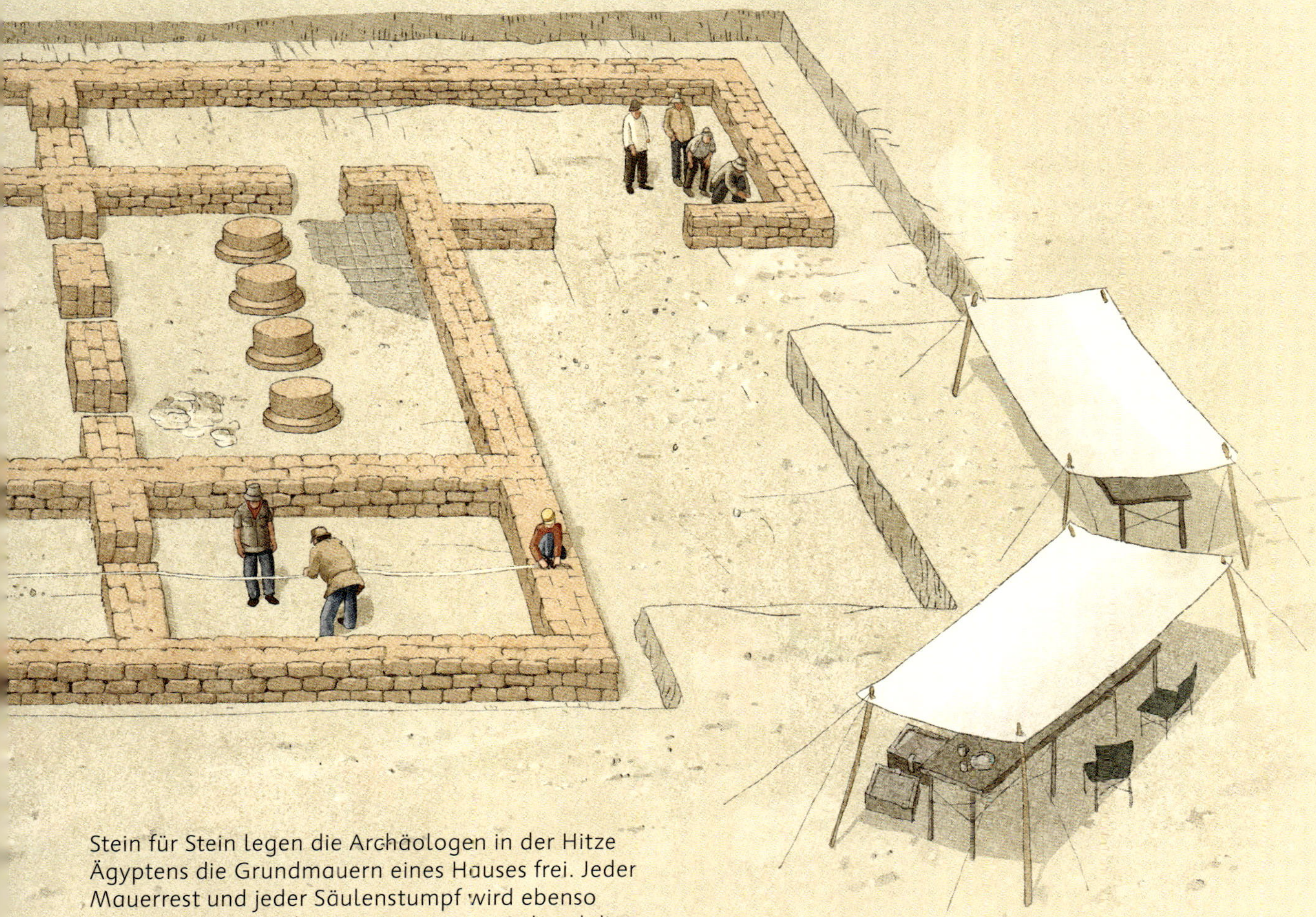

Stein für Stein legen die Archäologen in der Hitze Ägyptens die Grundmauern eines Hauses frei. Jeder Mauerrest und jeder Säulenstumpf wird ebenso wie das ganze Areal genau vermessen. Anhand dieser Daten und aller anderen Ergebnisse der Ausgrabung wird dann ein Computermodell erstellt.

Was sind Hieroglyphen?

Die Hieroglyphenschrift wurde gleich zu Beginn der ägyptischen Geschichte erfunden, als das Pharaonenreich entstand. Denn wenn der Pharao sein großes Reich im Griff haben wollte, musste er alles gut organisieren und dafür brauchte man die Schrift. Am Anfang wurde nur auf Tonkrügen vermerkt, was darin war. Daraus entwickelte sich im Lauf der Zeit eine Schrift aus Zeichen, den Hieroglyphen. Diese stehen für Laute, zum Beispiel steht das Zeichen „Mund" für den Laut „r". Es kann aber auch einfach „Mund" bedeuten, dann ist ein kleiner Strich unter dem Mund. Übrigens rätseln die Forscher bis heute, wie das Ägyptische wirklich ausgesprochen wurde.

Hieroglyphen-Alphabet

Laut	Zeichen	Bedeutung	Laut	Zeichen	Bedeutung	Laut	Zeichen	Bedeutung
m		Eule	a		Schmutzgeier	n		Wasser
r		Mund	a		Unterarm	q		Abhang
h		Hof	i/j		Schilfblatt	k		Henkelkorb
h gehaucht		Docht	sch		Teich	g		Krugständer
ch wie in „ich"		?	u/v/w		Wachtelküken	t		Brot
ch wie in „ach"		Tierleib mit Zitzen	b		Bein	tsch		Strick
s wie in „essen"		gefaltetes Tuch	p		Hocker	d		Hand
s wie in „lesen"		Türriegel	f		Viper	dsch		Kobra

Probier's aus: Rätselhafte Hieroglypen

Hier siehst du fünf verschiedene Hieroglyphen. Weißt du, was sie bedeuten? Rate doch mal! Die Auflösung findest du unten.

① Drei Küken im Nest
② Vogel, der einen Fisch fängt
③ ausgebreitete Arme, Umarmung
④ Sandale
⑤ Mann, der sich hinter einer Mauer versteckt

Leserichtung von rechts nach links

In welche Richtung man einen Text aus Hieroglyphen lesen musste, erkannte man an der Blickrichtung der abgebildeten Menschen, Tiere oder Götter. Schauten sie nach rechts, war der Text von rechts nach links zu lesen.

In diesem Teil ist die Leserichtung von links nach rechts.

Kartusche mit dem Namen des Pharaos Ramses II.

Jean-François Champollion (1790–1832)

Die Hieroglyphenschrift hat etwa 1000 Zeichen. Unser Alphabet hat dagegen nur 26 Buchstaben! Gelesen und geschrieben wurde ohne Punkt und Komma, von links nach rechts oder von rechts nach links oder gar von oben nach unten. Weil es ziemlich aufwendig war, einen Text in Hieroglyphen zu verfassen, entstand im Lauf der Zeit eine Art Schreibschrift, das Hieratische. Aus dem Hieratischen entwickelte sich dann später die demotische Schrift. Sie ließ sich noch schneller schreiben und zeigte kaum noch Ähnlichkeit mit der Hieroglyphenschrift.

Wer entzifferte die Hieroglyphen?

Lange Zeit hatten die Forscher keine Ahnung, was die Hieroglyphen bedeuten sollen. Erst der Franzose Jean-François Champollion knackte 1822 mithilfe des Steins von Rosette den Code. Auf diesem Stein steht ein und derselbe Text in Griechisch (unten), Demotisch (Mitte) und in Hieroglyphen (oben). Champollion konzentrierte sich auf die Namen von Ptolemaios und Kleopatra. Beide standen, wie für Königsnamen üblich, in einem länglichen Rahmen, einer sogenannten Kartusche. Er verglich diese Namen und ihre Wiedergabe im Griechischen und ordnete den Zeichen Laute zu. So kam er dem Rätsel der Hieroglyphen Schritt für Schritt auf die Spur.

Der „Papyrus Edwin Smith" wurde komplett in hieratischer Schrift verfasst, die von rechts nach links zu lesen war. Es handelt sich um einen medizinischen Text mit Anleitungen zur Behandlung von Wunden.

Hieroglyphen

Demotisch

Griechisch

Der Schlüssel zu den Hieroglyphen: Der Stein von Rosette wurde 1799 während Napoleons Ägyptenfeldzug in der Hafenstadt el-Rashid entdeckt, die die Europäer Rosette nannten.

Spezial-Wissen

Die Herstellung einer Papyrusrolle war sehr aufwendig und teuer. Daher wurden nur besonders wichtige Mitteilungen, wie die Listen der Verwaltung, religiöse Texte oder Literatur auf Papyrus geschrieben. Zwar gab es die bis zu 5 Meter hohe Papyruspflanze am Nil und im Nildelta reichlich. Doch bis daraus ein Stoff zum Beschreiben wurde, waren viele Arbeitsschritte nötig. Meistens wurden 20 einzelne Blätter aneinandergeklebt und um einen Holzstock gerollt.

Papyruspflanze

Wer entdeckte Ägyptens Schätze?

Nach dem Ende der Pharaonenzeit wurde Ägypten zuerst Teil des Römischen Reichs, später eroberten die Araber das Land. Die Kultur und Religion des Alten Ägypten geriet dabei nach und nach in Vergessenheit. Erst im späten Mittelalter zog es Händler und Pilger nach Ägypten, die sich auch für die altägyptischen Denkmäler interessierten. Besondere Aufmerksamkeit schenkten sie den Mumien. Sie wurden in großer Zahl außer Landes geschafft und man stellte ein Pulver aus zermahlenen Mumien her, das als Allheilmittel galt. Noch zu Beginn des 20. Jahrhunderts konnte man *Mumia vera Aegyptica*, also „Echte ägyptische Mumie", in europäischen Apotheken kaufen!

In solchen Gefäßen wurde Pulver aus zerriebenen Mumien in Apotheken aufbewahrt. Es galt nicht nur als Heilmittel, sondern wurde auch als braune Farbe von Malern verwendet.

Napoleon in der Schlacht bei den Pyramiden

Im Jahr 1798 machte sich Napoleon Bonaparte auf den Weg nach Ägypten, um das Land zu einer französischen Provinz zu machen und seine alte Kultur kennenzulernen. Ihn begleiteten zahlreiche Gelehrte, deren anschauliche Berichte dazu führten, dass sich plötzlich alle Welt für Ägypten interessierte. Es brach eine richtige „Ägyptomanie" aus! Man wollte ägyptische Antiquitäten besitzen, auf Möbel und Porzellan wurden typisch ägyptische Muster gemalt, sogar die Mode war davon geprägt.

Hättest du's gewusst?

Auf dem Höhepunkt der Ägyptomanie war es der letzte Schrei, eine Mumie zu kaufen, Leute einzuladen und die Mumie vor den Augen der Gäste auszuwickeln. Solche Mumien-Auswickel-Partys fanden vor allem in Deutschland und England statt. Dass es sich dabei um einen verstorbenen Menschen handelte, schien den meisten Gästen wohl egal zu sein.

Mumien-Auswickel-Party

Giovanni Belzoni (1778–1823) war unter den Schatzjägern und Amateur-Forschern eine der schillerndsten Figuren.

Wie kam Ramses nach London?

Der in Italien geborene Ingenieur Giovanni Belzoni wurde vom britischen Generalkonsul in Ägypten damit beauftragt, in Theben den riesigen Kopf einer Statue von Ramses II. aus dem Sand zu bergen. Der Abenteurer Belzoni meisterte die schwierige Aufgabe, indem er Probleme zur Not auch mit Waffengewalt aus der Welt schaffte. Nach dem erfolgreichen Abtransport des steinernen Ungetüms blieb er in Ägypten und legte in den folgenden Jahren unter anderem den Tempel von Abu Simbel frei und entdeckte den Eingang der Chephren-Pyramide in Gizeh.

Zum Abtransport des über sieben Tonnen schweren Bruchstücks einer Ramses-Statue heuerte Belzoni 80 Arbeiter an, die den Koloss in mühevoller Arbeit von Theben an den Nil zogen.

Spezial-Wissen

Nachdem Champollion die Hieroglyphen entziffert hatte, konnte man die ägyptische Kultur nun endlich intensiv ergründen. Damit war die wissenschaftliche Erforschung des ägyptischen Altertums – die Ägyptologie – geboren und Champollion gilt als der erste Ägyptologe! Auch deutsche Forscher bereisten das Land. Einer der ersten war Karl Richard Lepsius (1810–1884), der 1842 vom preußischen König auf die Reise geschickt wurde, um die Denkmäler Ägyptens zu erforschen.

Illustration der Großen Säulenhalle im Tempel von Karnak von Karl R. Lepsius

Dr. Ina Hegenbarth-Reichardt

Interview mit der Ägyptologin Dr. Ina Hegenbarth-Reichardt

Frau Dr. Ina Hegenbarth-Reichardt arbeitet an der Universität Hamburg und beschäftigt sich vor allem mit ägyptischen Handschriften und den Jenseitsvorstellungen der Alten Ägypter.

Warum sind Sie Ägyptologin geworden?
Weil ich mich mit 6 Jahren in die Goldmaske des Tutanchamun und später in die Kultur des Alten Ägypten „verliebt" habe.

Wie wird man Ägyptologe?
Zuerst muss man ein Studium der Ägyptologie an einer Universität absolvieren. Das heißt zuallererst, die ägyptische Sprache und die Hieroglyphenschrift zu erlernen. Aber Vorsicht: Das dauert ziemlich lange und anstrengend ist es auch!

Wo arbeitet ein Ägyptologe?
Ägyptologen arbeiten hauptsächlich an Universitäten und Museen oder an wissenschaftlichen Instituten, die zum Beispiel Ausgrabungen in Ägypten durchführen. Aber auch als Reiseleiter, als Journalist oder sogar in der Wirtschaft sind Ägyptologen tätig.

Was ist der Unterschied zwischen einem Ägyptologen und einem Archäologen?
Ein Archäologe beschäftigt sich mit der griechischen und römischen Antike, wobei er manchmal auch an Ausgrabungen teilnimmt. Ein Ägyptologe beschäftigt sich nur mit der Kultur des Alten Ägypten. Ist ein Ägyptologe bei einer Ausgrabung dabei, arbeitet er als Archäologe. Ein Ägyptologe ist also eigentlich beides!

Wie oft waren Sie schon in Ägypten?
Ich bin mit 14 Jahren zum ersten Mal in Ägypten gewesen und seitdem sicher 30 Mal.

Wie wird das Alte Ägypten heute erforscht?

Auch wenn sich die Ägyptologen schon seit über 200 Jahren mit der Geschichte des Alten Ägypten beschäftigen, gibt es immer noch genug für sie zu tun. Ausgrabungen bringen neue Funde ans Tageslicht und ältere Fundstücke können mit modernen Geräten und neuen Methoden noch einmal untersucht werden. Außerdem arbeiten die Ägyptologen heute mit anderen Wissenschaftlern zusammen, zum Beispiel mit Medizinern, Biologen und Chemikern. Auf diese Weise können viele offene Fragen geklärt werden, weil jeder sein Spezialwissen beiträgt. Die Zusammenarbeit mit Medizinern gibt es schon länger und sie war für die Untersuchung der Mumien bahnbrechend. Schon wenige Wochen nach der Entdeckung der ersten Röntgenstrahlen wurde 1896 diese neue Methode an Mumien ausprobiert. Endlich musste man sie nicht mehr vollständig auswickeln, um zu erfahren, ob es sich um eine Frau oder einen Mann handelte, wie ihr Zustand war und ob Amulette zwischen den Binden steckten. All diese Informationen sowie eine 3-D-Darstellung erhält man mittlerweile durch eine Computertomografie.

Die Forscher können sich alle Teile des Körpers, mit und ohne Binden, am Computer anzeigen lassen. Sie erkennen kleinste Verletzungen oder entdecken in den Mumien versteckte Beigaben.

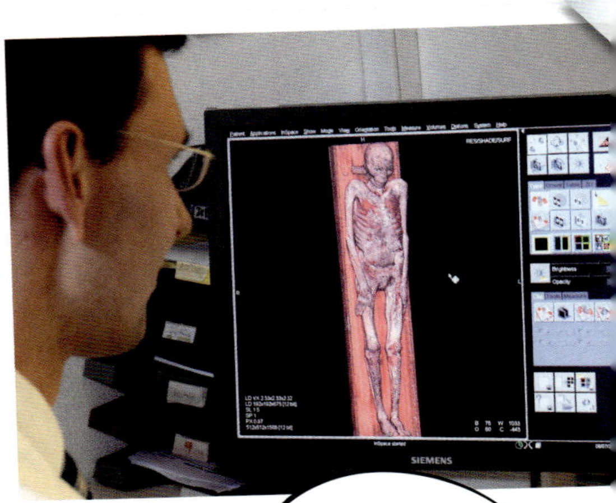

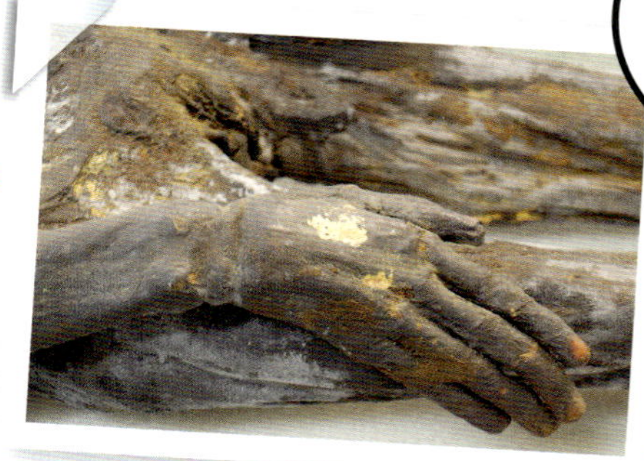

Mumien wie diese finden sich nicht häufig: Die Balsamierer haben gute Arbeit geleistet, denn der Körper ist bestens erhalten und an der Hand haften noch Reste von Blattgold.

Der Mumienforscher Dr. Wilfried Rosendahl (links) mit einer Mumie im Computertomografen der Universitätsmedizin Mannheim.

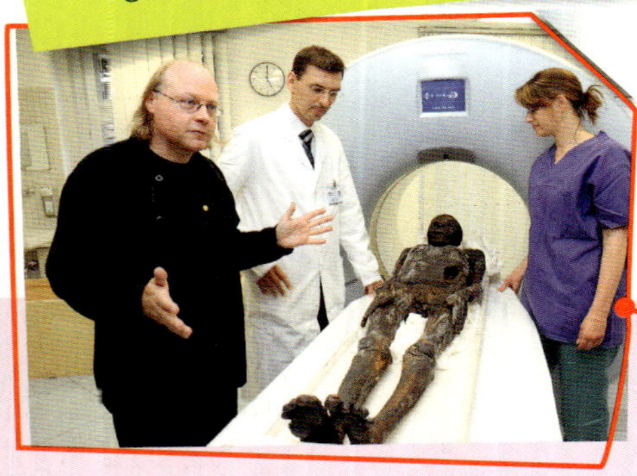

Interview mit dem Mumienforscher Dr. Wilfried Rosendahl

Dr. Wilfried Rosendahl ist Leiter des German Mummy Projects, einem Mumienforschungsprojekt an den Reiss-Engelhorn-Museen in Mannheim.

Was ist das German Mummy Project?
Es begann alles damit, dass 2004 im Lager unseres Museums 19 Mumien gefunden wurden. Was sollten wir damit machen? Wir beschlossen, sie genau zu untersuchen, sorgfältig zu restaurieren und für die Zukunft gute Aufbewahrungsmöglichkeiten zu schaffen. Um möglichst viel über die Mumien herauszufinden, haben wir Wissenschaftler aus der ganzen Welt um ihre Mitarbeit gebeten. Daraus ist dann dieses Projekt und eine große Ausstellung über Mumien entstanden.

Mit welchen Methoden untersuchen Sie die Mumien?
Die wichtigste Untersuchung ist eine Computertomografie, die wir an der Universitätsmedizin in Mannheim durchführen. Die Daten, die dabei herauskommen, werden dann von Medizinern und anderen Forschern ausgewertet. Wir bekommen dadurch also ganz viele Informationen, ohne die Mumie zu zerstören. Für andere Untersuchungen müssen wir Teilchen aus der Mumie herausschneiden – das tun wir zwar nicht gern, aber uns reichen winzig kleine Proben von Zähnen, Knochen oder den Leinenbinden. Wir müssen aber aufpassen, dass wir ein Stück ohne Balsamierungsmittel erwischen, denn sonst bekommen wir ein falsches Ergebnis.

Was genau ist „rapid prototyping"?
Dieses Verfahren kommt aus der Industrie. Die durch die Computertomografie gewonnenen Daten werden im Rechner zu einem 3-D-Modell der Mumie umgewandelt. Dieses Modell können wir in einem 3-D-Drucker ausdrucken. Der druckt nicht Farbe auf Papier, sondern fertigt aus Gipspulver und Farbe ein Modell. Das ist besonders interessant bei Gegenständen, die sich im Bauchraum der Mumie oder in ihren Händen befinden. Zum Beispiel

Von 1963 bis 1968 wurden die beiden Tempel von Abu Simbel als weltweites Gemeinschaftsprojekt versetzt. Die Arbeit wurde von ägyptischen, deutschen, französischen, italienischen und schwedischen Baufirmen durchgeführt.

Abu Simbel - ein Tempel weicht dem Wasser

Um die Wassermassen des Nils zu kontrollieren und die jährliche Überflutung einzudämmen, begannen die Ägypter 1960 mit dem Bau des Assuan-Staudamms. Dadurch entstand ein großer Stausee, in dem der von Ramses II. errichtete Tempel von Abu Simbel sowie der für seine Frau Nefertari erbaute Hathor-Tempel unterzugehen drohten. Doch davor wurden sie mit einer spektakulären Aktion gerettet! Die tief in den Felsen hineingebauten Heiligtümer wurden mit einer Seilsäge in riesige, jeweils etwa 30 Tonnen schwere Stücke zersägt und von Kränen wie ein 3-D-Puzzle an einem höher gelegenen Standort wieder zusammengesetzt.

Abu Simbel heute

Spezial-Wissen

Erst seit wenigen Jahrzehnten kann auch im Meer nach Schätzen aus dem Alten Ägypten gesucht werden, denn dafür braucht man moderne Tauchtechnik und viel Geld. Der Meeresarchäologe Franck Goddio hat zum Beispiel den versunkenen Hafen von Alexandria erforscht und dabei auch zahlreiche Fundstücke geborgen.

hatten wir eine Mumie, die etwas in den geschlossenen Fäusten hielt. Als wir den Inhalt „ausgedruckt" hatten und in unseren Händen hielten, konnten wir erkennen, dass es sich um Kinderzähne handelte.

Was können Sie durch die Untersuchungen herausfinden?
Außer Alter, Geschlecht und Größe können die Mediziner durch genaues Betrachten der Computerbilder erkennen, ob der mumifizierte Mensch Verletzungen oder Krankheiten hatte. Aus den Gewebeproben filtern Forscher die DNA heraus, die alle Erbinformationen erhält. So können sie beispielsweise feststellen, wer mit wem verwandt war. Und ein paar Haare reichen aus, um zu klären, was der Verstorbene vor Tausenden von Jahren gegessen hat.

Ist es nicht gruselig, ständig Mumien zu untersuchen?
Ich finde Mumien überhaupt nicht gruselig, sondern unglaublich interessant! Jede einzelne Mumie erzählt uns etwas vom Leben der Menschen damals und dabei merken wir, dass wir viel mit ihnen gemeinsam haben: Auch sie haben sich ein Bein gebrochen, hatten Löcher in den Zähnen und mochten vielleicht Fleisch lieber als Fisch. Außerdem gleicht die Untersuchung von Mumien manchmal einer spannenden Schatzsuche, zum Beispiel wenn man im Körper ein verborgenes Schmuckstück erkennt.

Was bleibt vom Alten Ägypten?

Das Reich der Alten Ägypter ist längst Geschichte und doch fasziniert uns diese Kultur heute noch. Jährlich zieht es Tausende Besucher in die Museen mit ägyptischen Sammlungen und eine Ausstellung über das Grab und die Schätze Tutanchamuns lockt weltweit Besuchermassen an. Untrennbar mit dem Alten Ägypten verbunden sind die Pyramiden, deren Form immer dann kopiert wird, wenn ein besonders eindrucksvolles Bauwerk entstehen soll. Gut, dass man die Pyramiden nicht einfach mitnehmen konnte, sonst wären sie wie die ägyptischen Obelisken heute in der ganzen Welt verteilt. Aber das Erbe der Ägypter geht über spektakuläre Bauwerke und bekannte Pharaonen hinaus. So ist zum Beispiel unser heutiger Kalender ein direkter Nachfahre des ägyptischen Kalenders und viele Erkenntnisse der Astronomie gehen auf die intensiven Beobachtungen des Sternenhimmels durch die Ägypter zurück. Die Kultur des Alten Ägypten ist also nicht vergessen!

Eine Besucherin der Ausstellung „Tutanchamun" schaut sich den Kopf einer Kolossalstatue von Echnaton an.

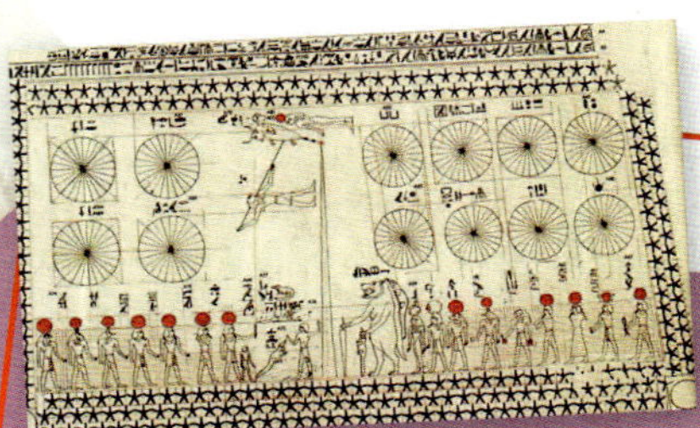

Auf dieser astronomischen Decke im Grab des Senenmut sind die Monate und die wichtigsten Sterne abgebildet. Unser heutiger Kalender unterscheidet sich nur durch den alle vier Jahre eingefügten Schalttag von dem der Ägypter.

Im Alten Ägypten standen Obelisken meist zu zweit vor Pyramiden oder Tempeln. Als steinerne Sonnenstrahlen mit vergoldeter Spitze stellten sie die Verbindung zwischen den Göttern und der Welt dar. Heute stehen solche gigantischen Pfeiler unter anderem in Paris, Istanbul, London, New York, Florenz und München.

Hotel Luxor in Las Vegas

Ob Hotel oder Sportarena, ob mit oder ohne ägyptisches Beiwerk: Eine Pyramide lässt uns auch heute noch sofort an Ägypten denken.

Pyramid Arena in Memphis